MAX LUCADO

AUTOR *BEST SELLER* DEL *NEW YORK TIMES*

DOMA TUS PENSAMIENTOS

TRES HERRAMIENTAS PARA RENOVAR TU MENTE Y TRANSFORMAR TU VIDA

MAX LUCADO

AUTOR *BEST SELLER* DEL *NEW YORK TIMES*

DOMA TUS PENSAMIENTOS

TRES HERRAMIENTAS PARA RENOVAR TU MENTE Y TRANSFORMAR TU VIDA

Grupo Nelson

Desde 1798

*Para Buckley, Thum, Calhoon, Pete, McMahan y Jon.
Por más campos de golf, hoyos bajo par, segundas
oportunidades, torneos, buenas charlas y chistes tontos.
En el cielo todos bajaremos el par.*

CONTENIDO

AGRADECIMIENTOS

Permíteme presentarte el Salón de la Fama del mundo editorial:

Mi asistente editorial, Karen Hill, es quien le da estabilidad a este barco. Gracias a Karen, los plazos se cumplen, los errores se corrigen y el mundo es un lugar mejor para todos nosotros.

Mi editor, Sam O'Neal, es el tutor ideal para la escritura. Sam sabe cuándo este autor necesita una palmadita en la espalda o un buen jalón de orejas. ¡Te aprecio, amigo!

Steve y Cheryl Green son amigos y compañeros de trabajo de toda la vida. Podría prescindir de mi brazo derecho más fácilmente que de ellos. Son los mejores.

La correctora Merry MacIvor y la editora para asuntos legales y de permisos Rhonda Lowry: muchas gracias a este dúo de maestras.

El equipo de HarperCollins Christian Publishing es brillante. Estoy en deuda con Mark Schoenwald, Don Jacobson, Andrew Stoddard, Dave Schroeder, Stacey Blackmarr, Janene MacIvor, Laura Minchew, Doug Lockhart, Michael Briggs, Tom Womack, Curt Diepenhorst y Mark Weising.

Layne Pitman, superproductor: tu capacidad para dirigir a un equipo y a un autor tan temperamental merece un aplauso.

Agradecimientos

Greg, Susan y Daniel Ligon: no hay proyecto que no puedan gestionar ni problema que no puedan resolver. Gracias por aportar tanto.

Andrea Ramsay: tu redacción esmerada y minuciosa ha dado como resultado una magnífica guía de estudio ¡y un papá orgulloso!

Dr. Lee Warren: tus libros sobre fisiología y ciencia del cerebro marcaron una diferencia. ¡Gracias por enseñarme! También estoy muy agradecido con mi amigo, el doctor Ed Newton, por sus conocimientos y su apoyo.

Jana Muntsinger y Pamela McClure han encontrado la clave de la publicidad. Gracias a las dos.

Caroline Green dirige y gestiona nuestro pódcast *Encouraging Word* [Palabra de aliento], el canal de YouTube *Fresh Hope* [Nueva esperanza] y todo lo relacionado con el mundo de las redes sociales. Es la imagen de la gracia y la destreza.

Margaret Mechinus y Janie Padilla prefieren trabajar entre bastidores, pero su atención al detalle merece una ovación cerrada. Siento por ellas un profundo aprecio.

David Treat es nuestro guerrero de oración. Se sienta en un rincón de la sala y ora mientras nosotros editamos. Que su espíritu altruista sea recompensado y sus oraciones escuchadas.

Brett, Jenna, Rosie, Max, Rob, Andrea, Rio, Jeff, Sara y June. Ustedes tienen la llave de mi corazón.

Denalyn, mi esposa. Lo más inteligente que hice fue proponerte matrimonio. Lo más loco que hiciste fue aceptar. ¡Estoy tan contento de que tengas algo de locura! Te amo.

Y a ti, querido lector. Gracias. Mientras meditas sobre tus pensamientos, yo estaré orando y pensando en ti. ¡Disfruta la lectura!

UNO

PRESTA ATENCIÓN A
LO QUE PIENSAS

Solo por curiosidad, intenté contar mis pensamientos. ¿Cuántos pasan por mi mente en un lapso de tiempo? Han estado conmigo desde que tengo uso de razón, los he escuchado, les he hecho caso y en ocasiones los he odiado. Sin embargo, nunca los había contado.

Inténtalo y verás que no es tarea fácil. Toma papel y lápiz y, cada vez que tengas un pensamiento, refléjalo con puntos o rayas: punto, raya, raya, punto. Así lo hice y me sentí como un telegrafista de hace un siglo.

Tengo hambre. Punto.
¿Qué pensará él? Punto.
Parece que va a llover. Raya.
¿Tenía que darle de comer al perro? Raya.
La política nos llevará al abismo. Punto. Raya. Punto
Contar los pensamientos fue una idea estúpida. Raya. Punto. Raya.

Los pensamientos, unas veces molestan, otras ayudan, nos recuerdan las penas y también que debemos sacar la basura; incluso nos convocan a debates en mitad de la noche. Zumban como un enjambre de abejas y, como ellas, unas veces producen miel y otras causan dolor. En fin, no hay forma de que pueda contar los pensamientos.

Aunque los investigadores del laboratorio de neuroimagen de la University of Southern California sí pueden hacerlo. Según ellos, tu cerebro es un ordenador de aproximadamente un kilo y medio (3 lb) que procesa setenta mil pensamientos al día.[1]

Son muchos, y uno los conoce y los oye. Comienzan al despertar y se niegan a guardar silencio hasta que dormimos (aunque algunos parecen seguir aguijoneándonos incluso en sueños). Son el parloteo interior, el narrador que cuenta paso a paso nuestros actos. Algunos son alegres, otros malhumorados, unas veces son constructivos y otras impertinentes. Emiten veredictos sobre nuestras decisiones, señalan una y otra vez nuestros fracasos, son agoreros del futuro y hacen todo lo posible por amargarnos el presente. Los pensamientos nos acompañan todo el tiempo.

Y resulta que somos la suma de todos ellos. Los pensamientos positivos generan acciones positivas y los negativos comportamientos negativos. Detrás de cada arrebato de ira hay un pensamiento de ira, detrás de cada gesto amable hay una idea amable y detrás de cada comentario envidioso hay un, bueno, ya tienes una idea.

Por lo tanto, somos lo que pensamos. Así lo vemos reflejado en el polígrafo o detector de mentiras, que mide las manifestaciones físicas de los pensamientos. Durante esa prueba, el aparato mide desde la temperatura de las manos hasta la frecuencia respiratoria de la persona.

El investigador que dirige la comprobación te preguntará si estuviste en cierto lugar en determinado momento. Si mientes, tu cuerpo dirá la verdad. Tus manos se enfriarán o tu respiración se acelerará, no por lo que digas, sino por lo que piensas.

Los pensamientos tienen consecuencias, y esto nos lleva a la pregunta de si podemos manejar nuestra vida mediante el control de nuestros pensamientos.

La neurociencia nos indica que sí, pues habla de la *neuroplasticidad*, es decir, la capacidad de transformación que tiene el cerebro, el cual se parece más a una bola de arcilla que a un trozo de hormigón, es moldeable, adaptable. A lo largo de la vida, el cerebro crea neuronas y conexiones entre esas neuronas. No es un libro ya publicado, que se terminó al principio de la vida, sino un manuscrito editable. Por lo tanto, puedes transformar tu mente; lo mismo que un escultor cuando da forma a una bola de arcilla, puedes moldear tu cerebro.

Dan Harris lo creyó así.

El 7 de junio de 2004, ante cinco millones de espectadores, Harris sufrió un ataque de ansiedad mientras se trasmitía en vivo un segmento del programa *Good Morning America*. El pánico paralizó sus músculos e hizo incoherentes sus palabras. Harris era una joven promesa en la cadena ABC, y el suceso amenazaba con arruinar su carrera. Con la esperanza de encontrar una solución a su paralizante ansiedad, buscó formas de recuperar el control de su mente y se sumergió en la ciencia del cerebro. Sus hallazgos lo llevaron a escribir el siguiente párrafo.

> Muchos tenemos la idea errónea de que las características problemáticas de nuestra personalidad nos limitan permanentemente. Se piensa que, si somos «temperamentales», «tímidos» o «melancólicos», estos rasgos no se pueden cambiar. No obstante, ahora sabemos que muchos de los atributos que más valoramos son en realidad habilidades, que pueden entrenarse del mismo modo que se entrena el cuerpo en un gimnasio.[2]

El apóstol Pablo fue más conciso y señaló que se pueden renovar «los pensamientos y las actitudes» (Ef. 4:23, NTV). ¿Somos víctimas de nuestras voces interiores? No necesariamente. En realidad, cuando encausamos los pensamientos útiles podemos lograr una transformación en nuestra vida.

¿Son siempre tus días tan sombríos? Puedes evitar que así sean. ¿Te sientes constantemente ansioso? La paz abundante está al alcance de tu mano. ¿Estás abrumado por los remordimientos? Tu pasado no tiene por qué definir tu futuro. ¿Te ves acosado por tus críticas internas? Puedes acallar esas voces en tu mente. ¡Puedes dominar tus pensamientos! Y a medida que surjan en ti nuevos pensamientos, comenzarás a ser una nueva persona.

> A medida que surjan en ti nuevos pensamientos, comenzarás a ser una nueva persona.

LA PLASTILINA Y LAS ORUGAS

El término *neuroplasticidad* no aparece en la Escritura, pero la idea de que «cambiar tus pensamientos cambiará tu vida» está presente en todos los capítulos. Es la promesa que subyace tras las conocidas palabras de Pablo: «No se amolden al mundo actual, sino sean transformados mediante la renovación de su mente» (Rom. 12:2).

El apóstol contrasta dos tipos de personas: las que se *amoldan* y las que se *transforman*. La sociedad moldea a las primeras; las otras son renovadas mediante la obra de Dios.

La palabra *amoldar* me recuerda al kit de plastilina de mis juegos cuando era niño. La plastilina venía en una docena de recipientes de distintos colores y se podía prensar, aplastar, enrollar, amasar y moldear, por lo que hacíamos cuerdas, arco iris, reptiles y robots. «Amoldábamos» la forma de la plastilina a nuestras preferencias.

El kit también incluía un juego de moldes, uno de un perrito, otro de una salchicha y otro de una persona. Colocábamos la plastilina en el molde, cerrábamos su tapa y ya obteníamos un perrito, una salchicha o una persona con su forma perfecta.

Nada en la Biblia nos podría hacer pensar que el apóstol Pablo jugara con plastilina. No obstante, muchos de sus mensajes aluden a la presión muy real que experimentamos para que nos amoldemos al mundo.

No fuimos creados para que nos prensaran, aplastaran, enrollaran, amasaran y moldearan a imagen de la sociedad.

La cultura nos incita a…

- valorar más el dinero que a las personas,
- clasificar a las personas por su aspecto, sus galardones y su saldo bancario,
- juzgar a las personas por el color de su piel,
- manipular la verdad para que se ajuste a nuestros deseos y
- considerar nuestro valor según la ropa que vestimos, el auto que conducimos, lo que poseemos y lo que alcanzamos.

¿Quién está detrás de estos ataques? Pues el diablo. Satanás tiene un objetivo principal: hacernos caer en una red de pensamientos malsanos para corromper, contaminar y confundir nuestra mente con un sistema falso.

¿Recuerdas lo que hizo con Judas? «Estaban comiendo. El diablo ya había *puesto en la mente* de Judas Iscariote, hijo de Simón, que traicionara a Jesús» (Juan 13:2, PDT, énfasis añadido). Judas, que no era un ejemplo de la fe, abrió la puerta de sus pensamientos a Satanás.

Cuando Ananías y Safira engañaron a los apóstoles, Pedro preguntó: «Ananías, ¿por qué has permitido que Satanás llenara tu corazón? Le mentiste al Espíritu Santo» (Hech. 5:3, NTV, énfasis añadido).

El ejemplo clásico de la influencia del diablo tuvo lugar en el huerto del Edén. Según Pablo, Satanás sedujo a Eva al manipular sus pensamientos. «Pero temo que, así como la serpiente con su astucia engañó a Eva, *las mentes de ustedes sean desviadas* de la sencillez y pureza de la devoción a Cristo» (2 Cor. 11:3, NBLA, énfasis añadido).

Así es, Satanás introdujo un virus en el software mental de Eva, se apoderó de su mente e infectó sus pensamientos. Hoy emplea el mismo método. «... el diablo [...] fue un asesino desde el principio, y no se ha mantenido en la verdad porque no hay verdad en él. Cuando habla mentira, habla de su propia naturaleza, porque es mentiroso y el padre de la mentira» (Juan 8:44, NBLA).

Satanás busca descarrilar nuestro pensamiento con ideas rebeldes e impías, y cuando el pensamiento se descarrila, también lo hace nuestra vida. De ahí que Pablo nos alerte: «No se amolden al mundo actual» (Rom. 12:2).

A nadie le gusta sentirse presionado, ¿no es cierto? Con el poder de Jesús, puedes evitar que te *moldeen* y, en cambio, ser *transformado* «mediante la renovación» de tu mente (Rom. 12:2).

Transformado. ¡Qué palabra tan bien escogida! Pablo, que escribía en griego, utilizó el verbo *metamorfóo*, del cual se deriva el sustantivo *metamorfosis*. Todo aquel que haya prestado atención en la clase de ciencias de la escuela secundaria recuerda que el proceso por el que pasa una oruga para convertirse en mariposa se llama metamorfosis. El gusano rechoncho y peludo se transforma en una mariposa colorida que vuela alto.

Dios te promete una transformación aún mayor.

¿Te sientes atrapado en tu propia mente? ¿Estás molesto con el mundo? ¿Te encuentras al borde de un cataclismo? Tranquilo, hay esperanza. Los pensamientos que han caracterizado tu pasado no tienen por qué caracterizar el resto de tu vida. Dios te transformará de gusano a mariposa, de alguien hecho de arcilla a alguien hecho a semejanza de Cristo.

La segunda parte de Romanos 12:2, «sean transformados mediante la renovación de su mente», está en voz pasiva ¡lo que indica que Dios hace el trabajo! Una mente renovada depende más de la intervención divina que del esfuerzo humano. *Él* renueva nuestra mente, reorienta nuestros patrones de pensamiento, reordena nuestros circuitos sinápticos, modifica nuestra actitud, nos brinda una nueva forma de pensar. Ciertamente el cielo reúne sus mejores fuerzas para ayudarnos.

Como lo expresó Pablo: «Más bien dejen que Dios los transforme en personas nuevas al cambiarles la manera de pensar» (Rom. 12:2, NTV).

¿Puede haber una promesa mayor sobre la cual meditar? ¿Puede haber un momento mejor para hacerlo?

NUESTRO PENSAMIENTO REPULSIVO

¡Nuestros pensamientos han degenerado enormemente! Las cifras al respecto te dejarán estupefacto. Según un estudio, el 42 % de los estudiantes de secundaria «experimentan sentimientos persistentes de tristeza y desesperanza»; y el 22 % ha «considerado en serio intentar suicidarse».[3]

¿Comprendes lo que indican esas estadísticas? Imagina que estás sentado en un restaurante y entran diez adolescentes que llevan sus teléfonos y mochilas. No obstante, según esta encuesta, llevan mucho, mucho más sobre sí. Cuatro de ellos experimentan sentimientos de desesperación y dos de los diez han pensado en suicidarse. Es una tragedia indescriptible, pues la adolescencia debiera ser una época de sueños y diversión, pero para muchos jóvenes es un pantano de niebla y temor.

¿Y qué hay de los adultos? No nos va mucho mejor. Uno de cada cinco declara tener síntomas de ansiedad y depresión.[4]

Los problemas de salud mental repercuten en todos los aspectos de la vida. Las personas que sufren depresión tienen un 40 % más de probabilidades de padecer problemas cardiovasculares, y un tercio de quienes presentan problemas de salud mental abusan de sustancias. Los estudiantes de secundaria que padecen depresión tienen dos veces más probabilidades de abandonar la escuela y tres veces más probabilidades de repetir el curso.[5] Estudios revelan que «entre el 75 y el 98 % de los trastornos mentales, físicos y del comportamiento provienen de nuestros pensamientos».[6] Por lo tanto, nuestros pensamientos repulsivos nos están acabando la vida.

Un estudio determinó que el miedo, la ira y la frustración hacen que el ADN se comprima y se acorte, lo cual desconecta códigos genéticos. Por el contrario, la salud de esos códigos genéticos mejoraba con los sentimientos de amor, gratitud y alegría. Los pacientes con VIH que tienen pensamientos y sentimientos positivos son ¡trescientas mil veces! más resistentes a la enfermedad que aquellos cuyos pensamientos son negativos.[7]

¡Los *pensamientos*! No podemos verlos, ni podemos comprarlos, y no siempre podemos predecirlos. Sin embargo, es innegable que definen nuestra vida. Si piensas bien, vives bien, si piensas mal, vives mal.

No es de extrañar que Dios te diga: «Cuida tus pensamientos porque ellos controlan tu vida» (Prov. 4:23, PDT). No nos ha abandonado en esta batalla de la mente, pues nos ama demasiado como para dejar que llevemos una vida caracterizada por la pobreza del pensamiento. Él hizo nuestro cerebro, por lo tanto, puede volver a entrenarlo.

Para efectos de transparencia, soy cristiano. Es probable que hayas notado que tengo y me aferro a una cosmovisión cristiana. A saber, Dios nos creó, nos da la salvación, nos pastorea y regresará por nosotros. En verdad me encanta ser cristiano, pues gracias a Jesús la vida tiene sentido, propósito y es muy divertida. La promesa del cielo me emociona y la certeza del amor de Dios es mi sostén.

Este libro tiene sus raíces en la esperanza cristiana; no obstante, si no eres cristiano, espero que lo leas de todos modos. Además, quisiera que consideraras esta idea: la clave para el dominio de tus pensamientos es una fe genuina en el Dios de la Biblia.

EL CASCO DE LA SALVACIÓN

Él nos invita a ponernos «el casco de la salvación» (Ef. 6:17).

En el acto de la salvación, Él se posiciona como un casco alrededor de nuestra cabeza y le advierte al enemigo, al diablo: «Esta mente es mía. Yo la salvé y me pertenece, la estoy renovando». La versión de la Biblia en inglés *The Passion Translation* hace una paráfrasis de las palabras de Pablo e invita a «abrazar el poder de liberación total de la salvación, como un casco para proteger tus pensamientos de la mentira» (Ef. 6:17-18, TPT).

Los destinatarios originales de las epístolas de Pablo conocían bien el casco romano. Era un gorro de cuero con una correa y estaba reforzado con metal, por lo que era esencial para la supervivencia del soldado. Como sus oponentes utilizaban hachas de combate de mango corto, si iba a la batalla sin el casco, su cabeza quedaba expuesta a heridas mortales. Por lo tanto, si vamos a la batalla diaria de la vida sin el nuestro, nos ocurrirá algo igual de grave.

Puedo dar fe de la importancia del casco. Me encanta montar en bicicleta, pero no me gusta hacerlo en carreteras con mucho tráfico, pues un vehículo de dos ruedas tiene todas las de perder frente a un camión. No obstante, me siento seguro en las carreteras vacías del sur de Texas, donde vivo.

Aun así, sigo llevando el casco y te voy a explicar por qué. En una ocasión pedaleé hacia el costado de la carretera para tomar un descanso y, al hacerlo, pasé sobre unos cascajos y patinaron las ruedas. Como llevaba las zapatillas enganchadas, no pude zafarlas lo suficientemente rápido para evitar caerme. Me caí y me di un fuerte golpe en la cabeza. Vi estrellas, vi luces intermitentes, creo que vi a Jesús. Cuando me recuperé y pude levantarme, me quité el casco y lo examiné; estaba muy abollado. Si no lo hubiera tenido puesto posiblemente habría perdido el conocimiento.

En realidad, es peligroso montar en bicicleta sin el casco.

Aunque es mucho más peligroso ir por la vida sin el casco de la salvación y, lamentablemente, eso es lo que hace la mayoría de las personas, no llevan ninguna protección divina. Cuando resbalan y caen, cuando la vida se les escapa de las manos, se hacen daño.

Por favor, no hagas lo mismo, no vayas a la batalla sin tu armadura.

¿Cómo se consigue ese casco? Muy sencillo, lo único que tienes que hacer es pedirlo. El don de la salvación se te da para que lo recibas. Vuelve tu corazón a Jesús en oración y dile que eres un pecador que necesita del Salvador. Él te recibirá con gusto inmediatamente en su familia. Es así de sencillo y maravilloso.

Cuando te salva, Dios te hace pasar su curso de entrenamiento mental. Los pensamientos repulsivos son un problema espiritual y requieren una solución espiritual. ¡Dios la proporciona!

Si Dios puede resucitar a los muertos, ¿acaso no puede reavivar la esperanza, enfrentar la depresión, apartar la vergüenza, aclarar la confusión, desechar la duda, superar la inseguridad, implantar la disciplina, eliminar la lujuria y desterrar la amargura? Tómale la palabra a Dios: «Porque no nos ha dado Dios espíritu de cobardía, sino de poder, de amor y de *dominio propio*» (2 Tim. 1:7, RVR1960, énfasis añadido). Él obrará un milagro en ti, serás como una mariposa, renovará tu pensamiento. Ya no serás más una oruga que se arrastra en la suciedad; ya es hora de que recibas tus nuevas alas.

No obstante, ¿cómo lo hará? ¿Qué decisiones podemos tomar para facilitar la transformación?

Busca «gestión del pensamiento» en Internet y encontrarás el monte Everest de respuestas. Artículos de revistas, charlas TED, pódcasts, blogs y libros que analizan la meditación, la medicación adecuada y la estimulación magnética transcraneal. Para mejorar tu cerebro, sugieren correr más, comer bien, dormir más, tomar suplementos, leer libros de Lucado. (¿Quién añadió esto último?).

Hay mucho que leer y no busco ni promover ni desacreditar esos tratamientos. Prefiero centrarme en tres herramientas, tres estrategias que conozco bien desde hace tiempo y sé que dan resultado. Llámalas como quieras: *gestión del pensamiento 101, kit de herramientas mentales* o *cepillo para la limpieza mental*. Independientemente de cómo las llames, tienen un efecto muy positivo.

TU KIT DE HERRAMIENTAS PARA DOMAR TUS PENSAMIENTOS

TEN UN PENSAMIENTO SELECTIVO

Vigila tus pensamientos.

IDENTIFICA LAS MENTIRAS

Una mentira crea una narración falsa que da lugar a una reacción exagerada.

ARRANCA DE RAÍZ Y VUELVE A PLANTAR

Elimina tus patrones de pensamiento más dañinos y reemplázalos con la verdad divina.

Estas herramientas te permitirán pensar de forma clara y correcta. A veces necesitarás las tres, otras veces te bastará con una o dos. En cualquier caso, estas herramientas te ayudarán a salir de las arenas movedizas que son los pensamientos ingobernables.

Luego de estudiar las herramientas en la parte I, las pondremos en práctica en la parte II. Profundizaremos en los problemas más comunes del pensamiento: la ansiedad, la culpa, el rechazo, la lujuria y otros. La lista no es exhaustiva, pero ilustra los tipos de pantanos mentales en los que podemos hundirnos.

La buena noticia es que puedes elegir. Tus padres no controlan tus pensamientos, los controlas tú. Tu ascendencia no determina tus actitudes, las determinas tú. El estado del tiempo puede indicarte qué ropa ponerte, pero tú y solo tú decides qué pensar sobre el tiempo. El dominio de la mente es un don que Dios te ha dado, pero el don en sí no significa nada hasta que lo pones en práctica.

Todos estamos de acuerdo con esta máxima: *no se puede ayudar a quien no quiere que lo ayuden.* No obstante, ¿qué queremos decir cuando expresamos eso?

Imaginemos a un individuo cuya personalidad es la clásica del pesimista por excelencia y supongamos que esa persona eres tú. Tu vaso no solo está medio vacío, sino que se ha roto en mil pedazos y nunca más se volverá a llenar. El contenido del trabajo que te has asignado a ti mismo consiste en señalar los inevitables problemas y catástrofes de la vida. La gente se siente incómoda cuando te ve llegar, pues eres un pesimista nato. Solo es cuestión de tiempo para que expreses tu negatividad, y todos lo saben.

No hay charlas ni sermones que te hagan cambiar. No importa cuántas veces te digan tus amigos más sinceros que en realidad eres insoportable, nada va a pasar hasta que realmente decidas cambiar.

No obstante, en el momento en que decides cambiar, ¡empieza a suceder el cambio! En el momento en que actúas, comienzan los beneficios de esa acción. Así lo expresó un profesor de neurología:

> Hacer simplemente el esfuerzo puede lograr maravillas […]. Las personas clínicamente deprimidas se sienten mucho mejor al concertar su primera cita con un terapeuta, pues eso significa que han reconocido la existencia de un problema. Significa que han luchado para salir del atolladero psicomotor en que se encuentran y han logrado hacer algo, significa que han comenzado a mejorar.[8]

Que tengas este libro en tus manos indica algo, y que lo hayas leído hasta aquí dice aún más. Gracias por seguir conmigo, pero antes de continuar, ¿podemos aclarar algo? Nadie puede ayudar a una persona que se resiste a recibir ayuda. Nuestro Creador nos programó de tal manera que la sanidad se produce cuando la buscamos. Este es tan buen momento como cualquier otro para preguntarte si realmente la quieres. ¿La *deseas*?

Aquí conocerás cómo:

- poner fin al autosabotaje y a las dudas de ti mismo,
- apartarte de la ansiedad y aprovechar la paz de Dios,
- deshacer la telaraña de los impulsos desagradables,
- desactivar los pensamientos negativos antes de que exploten,
- desechar la culpa y abrazar la gracia,

El objetivo del presente libro es sencillo pero elevado: lograr una vida mejor como resultado de mejores pensamientos.

- librarte de los pensamientos autocríticos recurrentes y de la duda y
- saborear la verdad energizante del amor de Dios.

En resumen, aprenderás a domar tus pensamientos. No importa quién seas ni lo que hayas hecho, ni si eres muy rico o muy pobre. No importa si estas en terapia, te encuentras encarcelado o vives en un *penthouse*, ni si eres casado o soltero, joven o anciano.

Mejorar es posible, lo creo de todo corazón, pero también creo que la mejoría puede requerir ayuda profesional. Si ese es tu caso, por favor, búscala.

Con Dios como tu ayuda, descubrirás una nueva forma de pensar. Él detendrá esos torbellinos de pesimismo y fatalidad. Corregirá ese lamentable hábito de desear lo que no es tuyo; y en cuanto a tu tendencia a etiquetarte incorrectamente con palabras que Dios no usa sobre ti, me complace decirte que esos días llegarán a su fin.

Estás a punto de nacer como una nueva persona.

No tenemos que ser víctimas de nuestros pensamientos. Podemos ser transformados y no amoldarnos al mundo actual, y encontrar protección al ponernos el casco de la salvación de Dios. Podemos utilizar nuestro kit de herramientas y aprender a domar los pensamientos, esos setenta mil pensamientos que procesa nuestro cerebro al día.

Comencemos.

PARTE I

TRES HERRAMIENTAS PARA EL DOMINIO DEL PENSAMIENTO

KIT DE HERRAMIENTAS

DOS

TEN UN PENSAMIENTO SELECTIVO

Durante años no fue más que una simple sala de conferencias estrecha y sin encanto, con tres salas más pequeñas a un lado. El secretario de Estado Henry Kissinger se refirió a ella como «una sala diminuta, incómoda, de techo bajo y sin ventanas».[1] Otro funcionario la describió como una «pocilga». En sus primeras fotos se ven paredes con paneles de madera de cerezo, una alfombra gris oscura y un techo acústico.

Anteriormente, allí hubo una bolera. El comedor, donde los funcionarios toman café y comen, está solo a unos pasos, y la proximidad de la comida puede explicar por qué la sala albergaba alguna que otra cucaracha y rata.

Nada en ella indicaba su importancia. Sin embargo, uno se pregunta si alguna vez ha existido una habitación más importante, pues sus paredes han sido testigo de conversaciones del más alto nivel en torno a amenazas nucleares, asesinatos, intentos de asesinato, guerras y los atentados del 11 de septiembre. En sus sillas se han sentado militares de alto rango, jefes de gabinete, asesores de seguridad, vicepresidentes y, por supuesto, presidentes de Estados Unidos.

La habitación fue idea de un general de brigada de la Fuerza Aérea llamado Godfrey McHugh, quien era consejero y amigo cercano de John F. Kennedy. Tan cercano era que la primera dama Jacquelyn Kennedy le pidió que hiciera guardia junto al ataúd de su esposo asesinado mientras ella estaba al lado de Lyndon Johnson cuando juró como presidente en el avión presidencial Air Force One.

En la primavera de 1961, McHugh le propuso al presidente crear una «sala de crisis» para atender los asuntos de la Guerra Fría. Sería una oficina de información para la gestión de crisis. A Kennedy le pareció bien la idea y, dos semanas y 35 000 dólares después, la bolera del sótano ya se había transformado en la sala de crisis.

Aunque se le han hecho múltiples modificaciones, ampliaciones y mejoras desde entonces, el propósito de la sala de crisis de la Casa Blanca sigue siendo el mismo: filtrar la información y tomar decisiones.[2]

Tú tienes una de esas salas, la cual ocupa unos quince centímetros (6 in), el espacio que hay entre tus orejas. En tu «sala de crisis» hay una actividad incesante, se procesan datos, se dan órdenes, se realizan selecciones y se determina el curso de tu vida.

Así como la sala de la Casa Blanca, tu sala tiene el objetivo de filtrar datos y tomar decisiones, pero a diferencia de la de Washington, la tuya fue diseñada y construida por Dios, el Creador del universo.

No importa si la sala de crisis está en Washington o en tu cráneo, para ambas hay una regla fundamental: la verdad. Las buenas decisiones dependen de una información fiable. El centro de control de la Casa Blanca no escucha a cualquier persona que quiera dar su opinión o consejo, sino solo al personal de más alto rango que posee la información más precisa. La imprecisión puede dar lugar a una catástrofe.

¿Acaso no ocurre lo mismo con nuestros pensamientos?

¿De dónde sacamos la noción de que es necesario pensar cada pensamiento? ¿Que toda idea amerita que la escuchen? ¿A quién se le ocurrió que toda idea merece un lugar en nuestra sala mental?

> Simplemente porque tengas un pensamiento, no estás obligado a considerarlo válido.

No hacemos eso con la comida, pues vemos una barra de chocolate y no por ello estamos obligados a comerla. Tampoco abrimos nuestra puerta a cualquier extraño que pase delante de ella, ni compramos todas las prendas de la tienda de ropa. Si lo hacemos, pronto nos quedaremos sin un centavo. El sentido común dicta que debemos practicar la discreción en la comida, la hospitalidad y las compras. Por lo tanto, ¡con los pensamientos debemos ser aún más cuidadosos!

No se les puede dar rienda suelta y hay que limitarles el acceso, pues no tienen derecho a pavonearse por nuestra «sala de crisis» sin que los enfrentemos. Simplemente porque tengas un pensamiento, no estás obligado a considerarlo válido.

¡Es mucho más sensato ponerles freno!

La herramienta número uno de tu kit de herramientas para dominar los pensamientos es tener un pensamiento selectivo.

LLEVAR CAUTIVO TODO PENSAMIENTO

«Pues aunque andamos en la carne, no luchamos según la carne. Porque las armas de nuestra contienda no son carnales, sino poderosas en Dios para la destrucción de fortalezas destruyendo especulaciones y todo razonamiento altivo que se levanta contra el conocimiento de Dios, y poniendo todo pensamiento en cautiverio a la obediencia de Cristo» (2 Cor. 10:4-5, NBLA).

¿Es este un versículo bíblico o un párrafo de un manual de combate?

- Las *armas* de nuestra contienda
- no son *[armas]* carnales
- sino *[armas]* poderosas en Dios
- para la *destrucción de fortalezas*
- *destruyendo* especulaciones y todo razonamiento altivo
- poniendo todo pensamiento en *cautiverio*
- *a la obediencia*

¡Esta es una terminología de guerra! La implicación es clara, ¡la batalla ha comenzado! Es una contienda de alto riesgo por la salud de tu mente, pues se lucha contra las fortalezas que ejercen un férreo control sobre tu vida.

El término griego que aquí se traduce como *fortalezas* tiene un doble significado. En primer lugar, se refiere a una prisión, y evoca la imagen de una alcázar de portales altos y muros gruesos de la cual no puedes salir y en la cual no puedes avanzar pues estás atrapado, encarcelado en una intimidante prisión. Eres cautivo allí.

La palabra también se refiere a una *fortificación* de muros altos, inexpugnables y gruesos que impiden el acceso, por lo que nadie puede entrar.

Es probable que hayas conocido personas que se niegan a recibir ayuda, tal vez tú seas una de ellas. Incluso rehúsan escuchar las palabras de amigos, consejeros y colaboradores. Estas personas se niegan a escuchar consejos y a aprender de sus errores. Al rechazar los consejos, se encuentran atrapadas en una fortaleza o prisión.

- Una prisión mantiene a las personas adentro.
- Una fortaleza las mantiene afuera.
- Los pensamientos no controlados hacen ambas cosas.

¿No sería estupendo acabar con ellos? «destrucción de fortalezas», como escribió el apóstol, *destrucción*, qué vocablo tan poderoso. La palabra griega que se traduce como *destrucción* significa «tumbar por la fuerza».[3]

Consideremos otra versión: «Usamos nuestras herramientas poderosas dadas por Dios para hacer pedazos filosofías deformadas, derribar barreras establecidas contra la verdad de Dios» (2 Cor. 10:5, MSG).

La imagen es la de un guerrero, un soldado, un luchador. Nuestro enemigo es la idea no solicitada, malsana e inoportuna. En lugar de consentir tales pensamientos, los derribamos con una bola de demolición, y una vez destrozada la fortaleza, llevamos «*todo pensamiento en cautiverio a la obediencia de Cristo*».

Filtramos, examinamos, inspeccionamos, controlamos, discernimos y cuestionamos. La traducción literal de la frase es «tomar cautivo con una lanza que apunta a [la] espalda».[4] Clavamos una lanza en la columna vertebral de los pensamientos tóxicos, los sacamos fuera y los arrojamos al suelo. Nos tomamos en serio el alto y sagrado honor del manejo del pensamiento.

Viktor Frankl lo hizo así. En su clásico *El hombre en busca de sentido*, el doctor Frankl revela lo que descubrió durante sus tres años de cautiverio en los campos de concentración de la Segunda Guerra Mundial, escribió: «Nos preguntábamos [...] qué hacía que algunos hombres sobrevivieran y otros perecieran».[5] Prisioneros de constitución menos robusta resistían mientras que hombres más fuertes no lo hacían. ¿Por qué? Él encontró la respuesta:

> Los que estuvimos en campos de concentración recordamos a los hombres que iban de barracón en barracón consolando a los demás, dándoles el último trozo de pan que les quedaba. Puede que fueran pocos en número, pero ofrecían pruebas suficientes de que al hombre se le puede arrebatar todo salvo una cosa: la última de las libertades humanas, la elección de la actitud personal ante un conjunto de circunstancias, para decidir su propio camino.[6]

No estás en un campo de concentración, pero es probable que te encuentres atascado en un lodazal de desafíos, conflictos y miedos. No estás rodeado de alambre de espino ni de nazis, pero sí te rodean agravios, tentaciones y dudas de ti mismo. Tu primera y más importante tarea es vigilar tu mente. El discipulado, en esencia, es pensar como Cristo.

Hace algunos años, las pulseras WWJD se pusieron de moda. WWJD es el acrónimo de *What would Jesus do?*, que en español significa ¿Qué haría Jesús? Las pulseras con ese acrónimo fueron una idea maravillosa. Sin embargo, yo sugeriría cambiar una palabra. En lugar de preguntar qué haría Jesús, preguntemos qué pensaría él. *¿Qué pensaría Jesús?* Las acciones se derivan de los pensamientos; el comportamiento es el resultado de lo que se cree. Por lo tanto, si queremos mejorar nuestro comportamiento, vayamos a la raíz y controlemos nuestra mente.

> El discipulado, en esencia, es pensar como Cristo.

El autor favorito de mi esposa lo expresaba así:

> Puedes llegar a ser el controlador aéreo de tu aeropuerto mental. Estás en la torre de control y puedes dirigir el tráfico mental de tu mundo. Los pensamientos circulan por encima, van y vienen. Si uno de ellos aterriza, es porque le has dado permiso. Si se va, es porque se lo has ordenado. Puedes elegir tu patrón de pensamiento.[7]

La estrategia de Satanás es sencilla: envenenar tu pensamiento con dudas repulsivas, engaños y desánimo. Si puede controlar tu mente, dominará tu vida, y mientras más mentes pueda controlar, más áreas de la sociedad podrá influenciar. Dile que se aleje de tu lado.

Haz con tus pensamientos lo mismo que hago yo con los correos electrónicos. Hasta hace un par de años, no sabía que podía bloquearlos. Sí sabía que podía borrarlos, pero bloquearlos, ¡no lo sabía!

En consecuencia, mi bandeja de entrada siempre estaba llena, pues no paraban de llegar correos no deseados. Intentaba eliminarlos a diario, pero eran demasiados y abarrotaban el ordenador.

Entonces alguien me habló del comando «bloquear remitente». *¡¿Eso quiere decir que puedo bloquear a un remitente?!* Así lo hice.

Tal político: bloqueado.

Zapatería: bloqueada.

Promoción de ventas: bloqueada.

Pasé la mayor parte de la tarde bloqueando a los molestos. Me llevó tiempo, pero vacié mi bandeja de entrada de correos innecesarios y no deseados, y ha sido uno de los mayores logros de mi vida.

Hoy en día, cuando se cuelan uno, dos o diez, los rechazo; puse fin al desorden. Y eso es lo que debes hacer, amigo mío, no permitas más desorden para ti.

Ansiedad: bloqueada.

Remordimiento: bloqueado.

Inseguridad: bloqueada.

¡Puedes hacer lo mismo! Puedes poner «todo pensamiento en cautiverio *a la obediencia de Cristo*» (2 Cor. 10:5, NBLA, énfasis añadido).

PONER A PRUEBA TODO PENSAMIENTO

Una vez que captamos un pensamiento, ¿qué hacemos con él? Lo evaluamos. Pon a prueba cada pensamiento según las enseñanzas de Jesús. Él ocupa el trono más alto, es el gran Maestro de la vida, por lo tanto, le rendimos cuentas, nos sometemos a su Palabra. La Biblia es la norma divina según la cual se mide todo pensamiento.

«Toda la Escritura es inspirada por Dios» (2 Tim. 3:16). La traducción literal (y bella) de este pasaje significa que la Biblia es la palabra misma de Dios, revelada con el aliento de su boca.

¿Podemos creerlo? Es imposible exagerar la importancia de esta pregunta. ¿Podemos creer de verdad que la Biblia es la palabra de Dios, la norma única y definitiva? Muchas personas no lo creen y han llegado a la conclusión de que la Biblia está llena de supersticiones e historias. Por consiguiente, la fuente de su verdad es un horóscopo, un compañero de bar, un amante o una publicación en las redes sociales.

No obstante, otros hemos aceptado la Biblia como la fuente de la verdad de Dios, y lo hacemos por buenas razones. Aquí te explico las mías:

Jesús creía en ella

Cuando el diablo vino a tentarlo, Jesús citó la Escritura (Mat. 4:1-10), y cuando resucitó de entre los muertos, enseñó a partir de la Escritura.

—¡Qué torpes son ustedes —les dijo—, y qué tardos de corazón para creer todo lo que han dicho los profetas! ¿Acaso no tenía que sufrir el Cristo estas cosas antes de entrar en su gloria?

Entonces, comenzando por Moisés y por todos los Profetas, les explicó lo que se refería a él en todas las Escrituras. (Luc. 24:25-27)

Si Jesús consideraba que la Escritura era fiable para luchar contra Satanás y explicar su condición de Mesías, si le dio su aprobación, ¿qué más se necesita?

Las profecías cumplidas lo confirman

En su vida, Cristo cumplió 332 profecías del Antiguo Testamento. Las probabilidades matemáticas de que esas profecías se cumplan en la vida de un solo hombre son de una entre 840… ni billones, ni trillones, sino *sexdecillones*. Eso es 840 seguido de 96 ceros.[8]

1

840 000 000 000 000 000 000 000
000 000 000 000 000 000 000 000 000
000 000 000 000 000 000 000 000 000 000
000 000 000 000 000 000

¡Increíble!

El lugar de nacimiento de Cristo, la forma de su muerte, su entierro en el sepulcro de un hombre rico. Estas y cientos de otras profecías específicas se cumplieron siglos después de que se escribieran. Puedes confiar en la Biblia, las profecías la validan.

Las vidas transformadas lo confirman

Ningún otro libro ha tenido una influencia tan grande en las personas como la Biblia. Desde Agustín de Hipona, que había sido un bribón; luego John Newton, que fue un traficante de esclavos; Abraham Lincoln, que era un simple granjero; hasta Max Lucado, que fue un hijo pródigo desagradecido hasta que leyó sobre el amor de Dios por todo aquel que se ha alejado de casa y ha ido a parar a una pocilga.

El presentador de radio Dennis Prager, al hablar una vez sobre el poder de la Biblia, preguntó:

Si te quedaras solo en una calle por la noche, porque tu automóvil se averió, digamos a las 2:00 de la madrugada en una calle solitaria de Los Ángeles […] en oscuridad total, y al bajar de tu automóvil de repente ves a diez hombres corpulentos que salen de una casa y avanzan hacia ti. ¿Sería o no un alivio para ti si supieras que acaban de salir de un estudio bíblico?[9]

La Biblia te transforma la vida, puedes comprobarlo por ti mismo. Aplica en tu presupuesto los principios bíblicos de la mayordomía y verás cómo desaparecen las deudas. Pon en práctica en tu matrimonio los principios de la fidelidad y tendrás un hogar más feliz. Establece tus relaciones según los principios del perdón y comprueba si no eres más pacífico. En la escuela, aplica los principios de la honestidad y verás cómo tienes éxito. Y, con relación a nuestro debate, aplica la Biblia a tus pensamientos y comprueba si no estoy en lo cierto: la Biblia funciona.

Necesitamos mucho más que las opiniones de otras personas, necesitamos una voz confiable; necesitamos las palabras de nuestro Creador. Él, y solo él, tiene autoridad sobre cómo debemos pensar.

La Escritura proporciona una norma inmutable para vivir; no obstante, la Biblia es digna de confianza por otra razón.

El plan B es un fracaso

He escuchado voces de menor calibre, he probado el plan B. Sabiondos, profesores sin Dios, estrellas de cine en decadencia, presentadores egocéntricos, ninguno sabe de lo que habla.

Necesito una voz autorizada, necesito el manual del propietario, y tú también lo necesitas. Como en el béisbol, necesitamos un plato de home inmutable.

Jugué de cátcher en la liga infantil de béisbol, también en la liga juvenil Pony y en el equipo del instituto. Cuando estaba en la universidad jugué de cátcher en un equipo de softball intramuros. Pasé mucho tiempo agachado detrás del home, cientos de horas, miles de entradas, miles y miles de lanzamientos.

Durante todos esos partidos y entrenamientos, me di cuenta de algo: el ancho del plato de home nunca cambiaba. Siempre tenía 43,2 cm (17 in) de ancho. Así era en la liga infantil, en la liga juvenil Pony y en la escuela secundaria. Así es en el béisbol universitario, en las ligas menores y en las grandes ligas profesionales. Y así es en Japón, en República Dominicana y en Cuba.

Las dimensiones del home nunca cambian, su tamaño no se discute. Como cátcher, no podía traer del banquillo un plato de home casero. No podía dibujar un plato provisional más grande en la tierra.

Los jugadores podíamos elegir nuestros uniformes, gorras, zapatos y bates, pero cuando se trataba del plato, el tamaño era inmutable y no negociable. Si un lanzador no podía hacer que la bola pasara por encima de esa marca de 43,2 cm (17 in) de ancho, el árbitro nunca propuso ensancharla. Nunca se ofreció a conseguirle un nuevo plato más ancho, solo para él.

El ancho del plato era invariable.

Así es la verdad de Dios, el verdadero norte en la brújula de nuestro corazón. A los judíos que creyeron en él, Jesús les expresó: «Si se mantienen fieles a mis palabras, serán realmente mis discípulos; y conocerán la verdad, y la verdad los hará libres» (Juan 8:31-32).

Por lo tanto, somos libres cuando conocemos la verdad; y la estrategia para derribar las fortalezas es básicamente llevar cautivos todos los pensamientos y ponerlos a prueba según la Palabra de Dios.

El pensamiento sano se manifiesta cuando vivimos según la Escritura. La Biblia es la palabra de Dios impresa, y si quieres conocer sus pensamientos sobre algo, solo tienes que leerla.

Ayer almorcé con el pastor Ed Newton, un querido amigo que ha luchado por derribar la fortaleza del rechazo. A nadie le gusta que lo rechacen, pero mi amigo a menudo se pone irritable y a la defensiva ante la más mínima señal de rechazo. El temor al rechazo estaba moldeando su alma y provocándole un sentimiento de insuficiencia e inferioridad. Ed trataba constantemente de ganarse la aprobación de los demás; y esa no es una buena forma de vivir.

Entonces recurrió a la ayuda de un terapeuta, y durante cinco días, cinco horas al día, Ed, su esposa y su terapeuta cristiano se propusieron desentrañar este patrón de conducta, buscar sus orígenes. Los padres de Ed eran personas en situación de discapacidad, ninguno de los dos podía hablar ni oír y, en consecuencia, a menudo sufrían el rechazo de personas poco comprensivas. Ed, que sí oía y hablaba, interiorizó el rechazo que sufrían sus padres y se sentía también rechazado. El dolor de ellos era su dolor. Si esto se combina con una lista de limitaciones, decepciones y los retos de la vida a los que todos nos enfrentamos, un remanente de rechazo permanecerá dentro de ti, cada día, sin desaparecer nunca.

¿Qué puede hacer Ed? Pues está poniendo en práctica las palabras de Pablo y estoy muy orgulloso de él. Cuando algún pensamiento de rechazo aparece en su mente, le prohíbe la entrada y le exige que «obedezca a Cristo». Se subordina a la Palabra de Dios y rechaza las mentiras de Satanás; es decir, pone en práctica un pensamiento selectivo.

Tomó algún tiempo, pero los muros de la fortaleza del rechazo se derrumbaron y la «sala de crisis» del pastor Ed quedó libre del engaño.

Que lo mismo suceda con la tuya y con la mía.

SUPERVISA LOS PENSAMIENTOS QUE APARECEN INVOLUNTARIAMENTE

Te recomiendo que empieces con este ejercicio: *supervisa los pensamientos que aparecen involuntariamente*. La mayoría de nosotros no somos conscientes del diálogo interno que se desarrolla en nuestra mente cada día. Las valoraciones, las críticas y las suposiciones son muchas veces reacciones instintivas. Quizás pienses a menudo que eres inepto, que te has vuelto a equivocar, que eres tonto. Tal vez te digas a ti mismo, a diario, que nunca conseguirás controlar tus problemas, pues no tienes disciplina. Cuando la autocrítica o la preocupación suenan como un disco rayado en nuestra cabeza, siempre hay una razón. Alguien te ha entrenado para pensar así.

Esas fortalezas que nos aprisionan no surgen de la noche a la mañana, sino que son el resultado de heridas, influencias y remordimientos reiterados. Así se acumulan días, años y décadas de ideas paralizantes, hasta que la persona ya no puede escapar.

Por lo tanto, es necesario desafiar esas voces interiores y ponerlas a prueba según la Palabra de Dios.

Me gustaría compartir contigo un momento en que así lo hice. A los veinte años, yo era un desastre en potencia. Me juntaba con alborotadores, bebía demasiada cerveza, era pendenciero y presumía como si Dios me hubiera elegido para ser su regalo al mundo. Mis padres me habían enseñado a ser mucho mejor, y lo sabía, pero era un rebelde.

Sin embargo, incluso los rebeldes tienen conciencia y la mía comenzó a hacerme daño. ¿Recuerdas la historia del hijo pródigo en Lucas 15:11-32? ¿El joven que abandonó su casa, malgastó su herencia y acabó dando de comer a los cerdos? Así era yo, y, tal como él, pasé más de una noche entre la porquería, y al igual que él finalmente recobré el sentido.

Por primera vez en mucho tiempo, me pregunté *por qué estaba arruinando mi vida*.

No obstante, a diferencia del protagonista de la parábola, no me levanté y volví con mi padre, sino que dudé, pues temía que Dios nunca me perdonara. Me había criado en un buen hogar, me habían enseñado a respetar a los demás y, sin embargo, lo había dejado todo por los clubes nocturnos y la charlatanería. ¿Podría Dios perdonar a alguien así?

La voz en mi cabeza me decía que *no*.

Mis amigos estaban de acuerdo conmigo. Le manifesté mi remordimiento a un par de amigos de copas y en esencia me dijeron que ya era demasiado tarde.

Ni mis amigos ni yo pensábamos que fuera posible el perdón. Sin embargo, había un pastor que tenía una opinión diferente. Para entonces, ya había vuelto a la iglesia, aunque me sentaba en la última fila y a menudo con resaca. No había mucha disposición en mí, pero al menos asistía.

A este predicador le encantaba hablar de la gracia, una gracia que nunca termina, que redime y renueva, una gracia que es mayor que nuestro pecado. Compartió conmigo un pasaje de la Escritura, su favorito: «… ya no hay ninguna condenación para los que están en Cristo Jesús» (Rom. 8:1).

Pronto comprendí que me encontraba en una encrucijada. Podía hacer caso a la voz crítica que escuchaba en mi interior y a la de mis amigos de copas, o podía confiar en la autoridad del pastor y en la Palabra de Dios.

No siempre he tomado las decisiones correctas, pero en aquella ocasión lo hice y de eso hace ya más de cincuenta años. La gracia de Dios me ha sostenido todos los días de mi vida.

¿Crees que la voz que habla en tu cabeza tiene la debida autoridad? Es muy probable que muchos de tus pensamientos no tengan un origen válido. Por lo tanto, espero que los veas a través de la lente de la Palabra de Dios. Él, y solo él, tiene la autoridad para decirte cómo pensar.

FILTRAR LA INFORMACIÓN Y
TOMAR DECISIONES

La sala de crisis ha experimentado cambios notables desde que abrió sus puertas por primera vez en 1961. Hoy, numerosas pantallas brindan imágenes y actualizaciones. Los despachos de los directores, con paredes de cristal, se sitúan a un lado. Hay un botón de «limpieza» que puede borrar la información secreta de las pantallas en caso de que entre alguien sin la debida autorización. Hasta el nombre es diferente, ahora también se la llama Sala de Situaciones de la Casa Blanca (WHSR, por sus siglas en inglés).

El equipamiento de la sala ha cambiado, pero su finalidad se mantiene: filtrar la información y tomar decisiones.

Tu sala de crisis cumple la misma función y requiere la misma vigilancia. Despídete de los pensamientos no controlados, es hora de capturarlos, dominarlos y derribar algunas fortalezas.

TRES

IDENTIFICA LAS MENTIRAS

La casa era todo lo que la joven pareja podía desear. A Eric y Megan les encantó desde el primer momento en que la vieron. Era una casa de ladrillo de una sola planta situada en un amplio terreno. Había sido construida en la década de 1970 con un diseño estilo rancho, que podía actualizarse a clásico moderno. El diseño era correcto, su precio justo y el momento era el adecuado.

La pareja llevaba cinco años de matrimonio y hacía tres que vivían en Chicago. Ambos habían ido a la universidad en la zona y les encantaba la idea de tener su hogar en un suburbio cercano. Así que compraron la casa, diseñaron un plano y comenzaron a derribar paredes y a levantar los pisos.

Todo iba genial, hasta que llegaron los problemas. No mucho después de iniciar la remodelación, Eric y Megan comenzaron a tener dolores en las articulaciones. También les dolía la cabeza y los músculos. Con poco más de treinta años, se sentían como si tuvieran ochenta.

Lo que no sabían entonces, y ahora tienen muy claro, es que la casa estaba llena de moho. Cada vez que se abría una pared o se retiraba un panel, innumerables partículas de moho se liberaban en el aire y algunas iban a parar a sus pulmones.

Estaban inhalando toxinas. El moho dio lugar a la enfermedad de Lyme, la cual les causó semanas de sufrimiento y dolor.

Como es lógico, se mudaron.

¿Existe alguna posibilidad de que estés haciendo lo mismo? ¿No inhalando moho, sino albergando pensamientos tóxicos, paralizantes e incapacitantes? Tu problema no está dentro de las paredes de tu casa, sino en el mundo de tus cavilaciones. Los pensamientos, como las partículas de moho, no se ven, y al igual que el moho pueden revolverse y arruinar tu vida.

De ahí que en la Biblia aparezcan versículos como este: «Ama al Señor tu Dios con todo tu corazón, con toda tu alma, con toda tu *mente* y con todas tus fuerzas» (Mar. 12:30, énfasis añadido).

Si dominamos la mente tendremos una buena salud. Controlamos todo lo demás, ¿no es cierto? El peso corporal, el dinero, el largo del pelo, el tiempo. ¿Y qué hay de los pensamientos?

No es tarea fácil, si tenemos en cuenta que generamos unos setenta mil al día. ¿Cuántos de estos pensamientos son positivos y cuántos negativos? Prepárate para la respuesta. Según el programa de bienestar de la Cleveland Clinic, el 80 % de nuestros pensamientos son negativos,[1] la tristeza supera a la felicidad en una proporción de cinco a uno.[2] En otras palabras, te castigas cinco veces por cada vez que te das una palmadita en la espalda.

¡Dime que no es así!

¿En verdad somos tan sombríos? ¿Vivimos en el mundo de Ígor, el amigo de Winnie the Pooh?

> Te castigas cinco veces por cada vez que te das una palmadita en la espalda.

Me niego a creerlo. Tal vez los investigadores encuestaron a los seguidores de un equipo de fútbol después de una temporada sin victorias. Quizás la encuesta se realizó en pleno invierno, al norte del círculo polar ártico.

Para no ser tan negativos, digamos que el 99 % de nuestros pensamientos son neutros, mientras que el 1 % (setecientos) influyen en nuestras vidas. De estos setecientos pensamientos, la mitad son agradables y la otra mitad perjudiciales. Incluso si hacemos un estimado optimista y poco científico como este, seguimos inhalando moho mental trescientas cincuenta veces al día.

Por eso el apóstol nos pidió vigilar lo que entraba a nuestra mente y nos exhortó a «hacer frente a las artimañas del diablo» (Ef. 6:11). Satanás conspira, trama, usa tácticas, tiene una estrategia; eso es motivo de preocupación. Sin embargo, es predecible y eso es motivo de esperanza. El diablo, aunque potente, es un pésimo jugador de ajedrez, pues deja ver sus movimientos con antelación y hace la misma jugada una y otra vez. Como lo conocemos, podemos defendernos de él.

¿Deseas conocer el plan de Satanás para tu mente? Tan solo recuerda identificar las mentiras, pues una falsedad crea una narración falsa que da lugar a una reacción exagerada. Satanás siempre comienza con una *mentira*.

LAS MENTIRAS

La mentira puede ser descarada o simplemente una suposición inexacta, pero en cualquier caso es una falsedad.

Uno de mis primeros encuentros con la mentira tuvo que ver con un compañero de cuarto grado llamado James. Era todo lo que yo no era. En nuestra clase todos simpatizaban con James. A las chicas les gustaba, pues tenía el pelo ondulado y siempre muy bien peinado. A los chicos les agradaba, pues contaba chistes y hacía bromas, y al correr adelantaba a todos con sus elegantes zapatillas de béisbol Puma.

James era genial y tenía su pandilla, un séquito de chicos y chicas que lo seguían a todas partes. Comían, jugaban y salían juntos. La mayoría de los lunes se les oía hablar de una fiesta fabulosa el fin de semana.

Todos los colegios tienen un orden jerárquico y, en el nuestro, James estaba en la cima.

¿Y Max? Max no tenía el pelo ondulado, ni corría rápido, ni tenía zapatillas de béisbol Puma. Max no hacía reír a los chicos ni suspirar a las chicas. Max no era parte del grupo de James.

Entonces concluí que *Max no era un chico genial*, era un extraño, un plebeyo. Max no estaba al mismo nivel que James. Algo que era una suposición falsa, una *mentira*.

Satanás trafica con la mentira. Si la mentira es fentanilo, él es quien lo vende. ¿Recuerdas lo que le dijo a Eva? Él sembró la duda en su mente al preguntarle:

—¿Conque Dios les dijo que no comieran de ningún árbol del jardín?
—Podemos comer del fruto de todos los árboles —respondió la

mujer—. Pero en cuanto al fruto del árbol que está en medio del jardín, Dios nos ha dicho: «No coman de ese árbol, ni lo toquen; de lo contrario, morirán».

Pero la serpiente dijo a la mujer:

—¡No es cierto, no van a morir! Dios sabe muy bien que cuando coman de ese árbol se les abrirán los ojos y llegarán a ser como Dios, conocedores del bien y del mal. (Gén. 3:1-5)

¡Mentiras, mentiras, puras mentiras! La mejor arma de Satanás es su arsenal de mentiras, con ellas va regando semillas que se convierten en malas hierbas.

¿Recuerdas al Max de nueve años en cuarto grado? ¿El niño excluido del círculo de amigos de James? Pues afronté mi trauma con autocompasión y me dije: *a nadie le agrado, a nadie le importo.*

Me encontraba en un *surco* mental. En este caso la palabra surco tiene que ver con la neurociencia. Los neurocientíficos hablan de la formación de surcos o vías en nuestra mente con el paso de millones de datos sensoriales que se abren camino a través de la materia gris.[3] El resultado es un surco mental. (Nunca lo vi, pero me hablaron de un cartel que apareció en un camino de tierra de un campo petrolífero a las afueras de mi ciudad, que decía: «Cuidado con los surcos. Si quedas atrapado en uno estarás en él durante kilómetros»).

Los surcos mentales.

Si de niño tocas una estufa caliente, tu cerebro evitará durante el resto de tu vida que vuelvas a tocar una estufa caliente.

Si tienes una mala experiencia en las relaciones con los demás, tus pensamientos viajarán por el surco mental del derrotismo, y al no saber qué otra cosa hacer, te irás a tu dormitorio y repetirás la mentira. En mi caso, la mentira era: *a nadie le agrado, nadie me quiere y nadie nunca me querrá.*

Había caído en un surco mental.

El Max de cuarto grado no sabía defenderse.

Tal vez tú tampoco sepas cómo hacerlo. No obstante, si no contraatacas, esas mentiras darán lugar a una narración falsa.

LA NARRACIÓN FALSA

En este caso, una narración es un mensaje que se reproduce sin cesar en tu mente. Es *la forma en que te ves a ti mismo y lo que te dices*.

¿Conoces a alguien que parezca estar siempre irritable, de mal humor o melancólico? Apuesto cualquier cosa a que un círculo vicioso de negatividad domina sus pensamientos. *Soy un perdedor. He vuelto a meter la pata. Soy yo contra el mundo*. La mentira ha ido excavando un surco y ha dado lugar a una narración falsa.

Así le ocurrió a un joven abogado de Illinois, una narración falsa se apoderó de su vida. Era tan pesimista que sus amigos mantenían cuchillos y navajas fuera de su alcance, y en algunas ocasiones se quedaban con él toda la noche, solo para protegerlo de sí mismo.

Su narración falsa lo llevó a escribir: «Hoy soy el hombre más infeliz del mundo. Si lo que siento se repartiera por igual entre toda la familia humana, no habría un solo rostro alegre en la tierra. No sé si alguna vez estaré mejor; me temo que no. Me resulta imposible continuar así; debo morir o mejorar, eso es lo que siento».

Vivía la vida con pesimismo, su cielo era gris, el futuro oscuro y su esperanza se desvanecía rápidamente.

¿Sabes quién era este hombre? Abraham Lincoln. Escribió esas palabras en 1841. Un amigo cercano comentó que «la melancolía goteaba de él mientras caminaba».

Sin embargo, algo cambió, pues considera lo diferente que sonaba en 1863: «El año que va a concluir ha estado lleno de las bendiciones de campos fructíferos y cielos saludables».

Las circunstancias que rodeaban a Lincoln en 1863 eran mucho peores que las de 1841. La república estaba al borde del colapso y miles de jóvenes luchaban y morían en la guerra civil. No obstante, Lincoln había aprendido a manejar su narración, había desarrollado hábitos mentales que le permitían encontrar la gratitud en medio de la calamidad.

¿Cómo lo logró? La respuesta está en un comentario que le hizo a un amigo: «Me he dado cuenta de que la mayoría de la gente es tan feliz como se lo propone».[4]

Al parecer, muchas personas han elegido ser menos felices de lo que podrían ser. El problema comenzó con una mentira que luego se extendió como el moho y se convirtió en parte de su identidad. Como no la enfrentaron, la mentira se transformó en una narración falsa que ahora define la forma en que se ven a sí mismas y lo que se dicen a sí mismas. Además, con el tiempo, la mentira que creó la narración falsa da lugar a una reacción exagerada.

LA REACCIÓN EXAGERADA

Hace poco, pude notar el disgusto de un hombre cuando conoció mi profesión. Un amigo común nos presentó:

—Bob, este es Max, mi pastor.

—¡No me hables de religión! —dijo bruscamente.

Resulta que él, como muchas personas, tuvo una experiencia desagradable con un pastor, algo relacionado con que le llamaron la atención por comportarse de manera inadecuada en la iglesia cuando era adolescente.

El suceso dejó una huella y Bob extrapoló la acción de un pastor a todos los demás. Una mentira se asentó en su mundo: *los pastores son injustos.* La mentira dio lugar a la narración falsa de que *los líderes religiosos no querían ayudarlo, sino hacerle daño.* Cuando lo conocí ya manifestaba una reacción exagerada en pleno apogeo al decirse a sí mismo que *nunca tendría nada que ver con la iglesia.*

Basó una decisión vital para su vida en una experiencia. Seguramente hubo otros elementos que contribuyeron, quizás sus padres difamaron a la iglesia o tal vez conoció a algún charlatán. Independientemente de la causa, su reacción fue exagerada.

Es necesario aclarar que las reacciones exageradas son comprensibles. Si tengo un brazo lastimado y chocas con él, me echaré a un lado tan rápido que te sorprenderás.

Por lo tanto, si toco tu herida emocional invisible, es posible que reacciones de forma desproporcionada a mi acción. Las reacciones exageradas tienen sus motivos, pero también tienen sus consecuencias y pueden dejarnos atrapados en una fortaleza.

> Las *mentiras*
>> conducen a
>>> *narraciones falsas*
>>>> que dan lugar a
>>>>> *reacciones exageradas.*

¿Hay alguna mentira jugando con tu mente?

De ser así, te sentirás identificado con Max, el perro. Hemos hablado de Max el adolescente, ahora podríamos considerar a Max el perro. Craig Groeschel nos habla de él en su excelente libro *Gana la guerra en tu mente.*

El perro llamado Max nunca sale del jardín de su dueño, nunca corre detrás de un gato ni persigue un automóvil. No es porque sea viejo, ni porque esté enfermo, ni porque le gusten los gatos y los autos. La inacción de Max se debe a una cerca eléctrica.

Los dueños la instalaron para evitar que Max se escapara. El perro sabe que no debe salir del patio, pues ya lo ha intentado antes. Cuando lo hizo por primera vez, su collar se topó con la cerca invisible y *¡zas!*, sintió una leve descarga eléctrica. Lo intentó de nuevo y volvió a sentirla. Con el tiempo Max aprendió la lección y sabe que no debe salir.

Sin embargo, hay algo que Max no sabe. La cerca eléctrica ya no tiene electricidad. A los padres del vecindario les preocupaba que sus hijos recibieran una descarga. Por lo tanto, los dueños de Max la desactivaron.

La cerca es inofensiva.

Aun así, hace años que Max no sale del patio. Vive dentro de una prisión que no existe.[5]

Lo mismo podría decirse de Max, el niño de cuarto grado. ¿Sabes lo que yo necesitaba? ¿Sabes lo que todos necesitamos? Necesitamos poner en práctica las instrucciones de Pablo: «… capturar todos los pensamientos y hacer que obedezcan a Cristo» (2 Cor. 10:5, PDT).

Esto funciona de la siguiente manera. Un pensamiento de preocupación no deseado se pasea por la sala de tu cerebro y se acomoda en tu sofá mental para escupir preocupaciones como si fuera una boca de incendios abierta:

Nunca conseguiré un ascenso.

La mancha de mi piel es un melanoma intratable e incurable.

Nunca en mi vida conoceré el amor. Estoy condenado a vivir en soledad.

El viejo tú habría escuchado, asentido, estado de acuerdo y llorado. Habrías inhalado el moho del pavor y la inquietud hasta que la ansiedad te hubiera consumido. Eso es lo que el viejo tú habría hecho.

¿Pero el nuevo tú? ¿El tú transformado por la renovación de la mente? ¿El tú que tiene un pensamiento selectivo e identifica las mentiras para llevarlas a la presencia de Jesús?

Ese nuevo tú se enfrenta a la preocupación en la puerta principal de su cerebro y le dice:

—Espera un segundo, molestia causante de problemas y dolor. ¿Quién te ha pedido que vengas? No veo tu nombre en la lista de invitados a mi fiesta del pensamiento. Te llevaré a ver al Jefe.

Entonces tomas a la preocupación por el cogote y la llevas a la presencia del Príncipe de Paz.

—Jesús, he encontrado a esta mentira husmeando en el porche y tratando de entrar. ¿Se le permite la entrada?

—Solo si se somete a mi autoridad —responde Jesús tajantemente.

—Jamás lo haré —gruñe y protesta la mentira.

—¡Expúlsala entonces! —ordena Jesús.

Y tú, con la confianza de un fornido guardia de seguridad, echas la ansiedad por la puerta.

Esta es la nueva versión de ti que Dios quiere crear, pues él te da el poder para derribar fortalezas. Mediante las armas de Cristo, podemos derribarlas y destruir el campo de batalla que ocupa el diablo. Ya no serás víctima de tus pensamientos, ni te encontrarás atrapado en tu cabeza, ni limitado por una cerca eléctrica que en verdad no tiene electricidad. Nunca más.

Puedes domar tus pensamientos.

Sin embargo, tienes que proponértelo en serio. Eric y Megan lo hicieron, y se mudaron de la casa mohosa. Su sanidad comenzó cuando empezaron a actuar.

¿Qué hay de ti?

Las mentiras no tienen un buen aspecto, dan miedo y no pertenecen a tu cerebro.

CUATRO

ARRANCA DE RAÍZ Y
VUELVE A PLANTAR

Quiero ser muy cuidadoso en la forma de expresar esto; no pretendo ofender ni ser grosero. Por lo tanto, no malinterpretes mis palabras como una crítica. Sin embargo, es necesario decirlas. A medida que aprendemos a domar nuestros pensamientos, es necesario ser sinceros sobre esta realidad.

Eres muy parecido a una vaca.

También lo es tu vecino, tu compañero de trabajo, tu mejor amigo e incluso tu esposa (pero, amigo, sería prudente que no se lo dijeras). Todos tenemos mucho en común con la vaca, aunque eso no tiene nada que ver con el aspecto, ni con el olor ni con la realidad de que algunos seamos tan desordenados que deberíamos vivir en un establo. (Señoras, ustedes sí pueden decírselo a él). Entonces, ¿qué tenemos en común con las vacas?

Que rumiamos.

¿Alguna vez has pasado por delante de una granja y te has preguntado qué estarán haciendo las vacas paradas en el pastizal? ¡Están rumiando! Durante la rumia, el bolo alimenticio (alimento parcialmente digerido) se mastica, se traga, se regurgita, se vuelve a masticar, se vuelve a tragar y se vuelve a regurgitar. Las vacas suelen masticar el bolo alimenticio entre seis y ocho horas al día, lo que equivale a unos quinientos minutos. Mastican, tragan, vuelven a llevarlo a la boca; mastican, tragan, vuelven a llevarlo a la boca; una y otra vez.

Hasta la saciedad.

Las vacas rumian, nosotros también. Ellas rumian el bolo alimenticio, nosotros los pensamientos.

Pensamos.

Pensamos de nuevo.

Volvemos a pensar.

Consideramos.

Reconsideramos.

Volvemos a considerar.

Reflexionamos.

Reflexionamos de nuevo.

Volvemos a reflexionar.

Cavilamos, consideramos, meditamos, deliberamos, evaluamos, nos obsesionamos y rumiamos.

Es lo que hacemos; somos seres pensantes, pensamos mucho, es algo natural. Ese no es el problema, sino nuestra tendencia a tener pensamientos poco saludables. Sé de buena tinta que un bolo alimenticio sano hace que una vaca sea sana, tenga un pelaje brillante, dé buena leche y tenga músculos robustos.

(No es un disparate).

¿Acaso no podemos decir lo mismo de una persona?

Medita sobre verdades esperanzadoras, que honran a Dios y edifican el alma, y tu brillo resplandecerá y tus vecinos te amarán. Si tienes muchos pensamientos negativos, amargos y malsanos, serás negativo, amargo y malsano. Así lo expresó en el siglo primero un especialista en el dominio del pensamiento:

> Los que están dominados por la naturaleza pecaminosa piensan en cosas pecaminosas, pero los que son controlados por el Espíritu Santo piensan en las cosas que agradan al Espíritu. Por lo tanto, permitir que la naturaleza pecaminosa les controle la mente lleva a la muerte. Pero permitir que el Espíritu les controle la mente lleva a la vida y a la paz. (Rom. 8:5-6, NTV)

Algunos pensamientos conducen a la *muerte*, es decir, a la tristeza, la oscuridad y el dolor. Otros conducen *a la vida y a la paz*. ¿A quién no le vendría bien eso, vida y paz? Pon a prueba la teoría de este pasaje y compruébalo por ti mismo. Rumia estas frases.

Nunca tendré salud.

El mundo está contra mí.

Soy un fracasado, un desastre y un tonto.

¿Te levantan el ánimo estos pensamientos? ¿Te hacen ver el cielo azul y encontrar la primavera a tu paso? En absoluto. Son un bolo alimenticio desagradable.

Por el contrario, rumia bien estos pensamientos y verás cómo te sientes.

Dios tiene el control.

El Creador me ama.

La vida no es fácil, pero Dios es bueno y me ayudará.

¿Notas la diferencia? ¡Somos lo que pensamos! Es por eso que Dios redime los patrones de pensamiento de sus hijos. ¿Te das cuenta de lo que te sucedió cuando fuiste salvo? Él comenzó a renovar tu mente.

Cuando aceptaste a Jesús, él salvó tu alma, escribió tu nombre en el libro de la vida, lavó todos tus pecados, te dio dones espirituales, te adoptó en su familia y... recuerda: te dio la mente de Cristo. «Tenemos la mente de Cristo» (1 Cor. 2:16, NBLA).

¡Qué afirmación tan asombrosa! Tenemos acceso a la mente de Jesús; sus pensamientos pueden iluminar e influir en los nuestros. Él nos ha inscrito en el curso de iniciación para alcanzar la semejanza a Cristo, y con el tiempo, y la ayuda de su Espíritu, pensaremos y viviremos como él.

Sé lo que estás pensando. *Si tengo acceso a la mente de Cristo, ¿por qué sigo debatiéndome con la culpa, la codicia, la lujuria, la timidez, la arrogancia, y así sucesivamente?*

El asunto es que debemos aprovechar esta bendición.

Piénsalo de esta manera. La ciudad de San Antonio, Texas, donde vivo, tiene una excelente biblioteca pública. Conozco la dirección, conozco su reputación, conozco la abundancia y la riqueza de los libros que atesora; es una biblioteca envidiable. No obstante, no me ha servido de nada. ¿Por qué? Porque nunca entro en ella. Mi ausencia puede atribuirse a la comodidad de Internet, a los inconvenientes de la biblioteca o a mi propia pereza, pero solo he entrado allí una vez en las décadas que llevo viviendo en la ciudad.

Tengo a mi disposición una biblioteca. Afirmación cierta, pero de impacto insignificante.

Tenemos la mente de Cristo. Afirmación verdadera. ¿Y qué hay de su impacto? Eso depende de cada uno de nosotros.

Tenemos el potencial para pensar como Jesús piensa: «… dejen que el Espíritu *les renueve los pensamientos y las actitudes.* Pónganse la nueva naturaleza…» (Ef. 4:23-24, NTV, énfasis añadido). ¿Acaso la preocupación dominó la vida de Jesús? No lo hizo. Así que no tiene por qué dominar la nuestra. ¿Se vio afectado él por las críticas? No. Pues tampoco tienen que afectarnos a nosotros. Cuando las cosas iban mal, ¿era Jesús duro consigo mismo? No que yo sepa. Por lo tanto, cuando la situación va mal, ¿debes ser tan duro contigo mismo? Me parece que no.

Entonces puedes acceder a la mente de Cristo.

¿Cómo lo hacemos? Tengo una respuesta de siete palabras para esa pregunta. *Arranca de raíz y vuelve a plantar.* ¿Parece una lección de jardinería? En realidad, es una lección de pensamiento.

ARRANCA DE RAÍZ Y VUELVE A PLANTAR

Cuando tenía doce años mi padre me encargó el cuidado del césped. Era demasiado joven para conseguir un verdadero trabajo de verano, pero lo bastante mayor para cuidar del césped.

Mi tarea consistía en eliminar unas malas hierbas espinosas llamadas zacate cadillo. Espero que nunca te encuentres con ellas. Crecen en un tallo que sobresale entre diez y trece centímetros (4-5 in) del suelo. Pobre de aquel que caiga sobre ellas mientras juega al béisbol o del niño descalzo que las pise. Mi hermano y yo nos pegábamos con ellas (éramos unos hermanos muy cariñosos). ¡Ay! Esas hierbas espinosas no eran divertidas. Mi padre tenía razón al decirme que me ocupara de ellas.

Yo, sin embargo, no fui muy inteligente en la forma en que decidí hacerlo. Encendí el cortacésped y las corté; fue muy fácil. Cuando papá llegó a casa y vio el césped recién cortado y sin malas hierbas quedó impresionado. No obstante, días después, cuando crecieron las briznas de hierba, ¿adivinas qué volvió con ellas?

Lo adivinaste, las malas hierbas.

Entonces papá procedió a darme instrucciones más detalladas. Tomó una pala de jardín, se puso de rodillas y fue desenterrando una mala hierba tras otra, hasta que formó con ellas una pequeña pila para echarlas a la basura.

Luego me dio la pala y me dijo:

—*Arráncalas.*

—*¿Todas?* —le pregunté.

—*Todas* —respondió.

—*Eso tomará mucho tiempo.*

—*No si yo te ayudo.*

Y así lo hizo. Después de un fin de semana arrancando malas hierbas, teníamos un césped libre de ellas.

La mente es como ese césped. Tus pensamientos tóxicos son como esas malas hierbas y provocan una reacción en cadena predecible: *mentiras* que llevan a *narraciones falsas*, que a su vez dan lugar a *reacciones exageradas*. Las mentiras se te clavan, te pinchan, te hieren. Te provocan agitación y molestia. Te amargan el estado de ánimo y el corazón. Te conviertes en una persona irritable y sobrecargan tu vida con un peso innecesario.

Puedes tratar de acabar con ellas, decirte palabras alentadoras, asistir a seminarios sobre cómo sentirte bien contigo mismo, leer un libro acerca de la actitud mental positiva. Luego de hacerlo, las malas hierbas desaparecerán durante unos días, pero finalmente volverán, se te pegarán y te causarán dolor.

Dios tiene un plan mejor: arrancarlas de raíz. Mi padre me dio una pala de jardín, tu Padre te da su Palabra y te invita a eliminar las mentiras del infierno con las palabras del cielo.

Jesús nos mostró la manera de hacerlo. ¿Recuerdas cómo Satanás lo atacó con falsedades? En el desierto, le dijo: «Si eres el Hijo de Dios...» (Luc. 4:3). ¿Por qué manifestó esto Satanás? Porque sabía lo que Cristo había escuchado en el bautismo: «Este es mi Hijo amado, en quien tengo complacencia» (Mat. 3:17, RVR1960).

Satanás le preguntó si era realmente el Hijo de Dios y luego lo desafió a demostrarlo mediante una acción:

«Ordénale a esta piedra que se convierta en pan» (Luc. 4:3).

«Si me adoras, todo será tuyo» (v. 7).

«Tírate abajo desde aquí» (v. 9).

Satanás no atacó directamente a Dios; simplemente trató de sembrar la duda en la mente de Jesús.

Cristo no le dio tregua, pues llevó cautivo todo pensamiento y arrancó de raíz cada falsedad con la pala de la Escritura. Las tres tentaciones recibieron tres declaraciones.

«Escrito está…» (v. 4).

«Escrito está…» (v. 8).

«Está dicho…» (v. 12).

No hubo alboroto, ni rescates angélicos. Jesús no lanzó un rayo ni hizo descender fuego del cielo, sino que simplemente citó la Biblia. Su arma preferida era la Escritura, funcionaba como una pala. Si Jesús la empleó para manejar su pensamiento, ¿no deberíamos nosotros hacer lo mismo?

Todo lo que tú y yo necesitamos para arrancar de raíz las malas hierbas se encuentra en el libro de Dios.

Su Palabra poderosa es cortante como el bisturí de un cirujano, atraviesa todo, ya sea duda o defensa, y nos abre para escuchar y obedecer. Nada ni nadie puede resistirse a la Palabra de Dios. (Heb. 4:12, MSG)

Recuerdas la pregunta: *Si tengo acceso a la mente de Cristo, ¿por qué sigo teniendo los pensamientos que siempre he tenido?*

Debes responder a esa pregunta con otras dos preguntas. ¿Estás enfrentando las mentiras con la verdad de Dios? ¿Estás dejando que la Escritura cumpla su propósito en tu vida?

—*¡Arráncalas!* —ordena Dios.

—*¿Todas?* —preguntas.

—*Todas* —afirma él.

—*Eso tomará mucho tiempo* —objetas.

—*No si yo te ayudo* —asegura Dios.

No obstante, aquí es donde mi ejemplo ilustrativo se queda corto. Mi padre no me dio ninguna opción. Me gustara o no, íbamos a arrancar las malas hierbas. Nuestro Padre celestial, en cambio, no nos obliga. Él nos ayudará, trabajará con nosotros, nos guiará y nos enseñará, pero debemos elegir trabajar con él.

Es posible que se necesite esfuerzo, pues algunos patrones de pensamiento tienen raíces profundas, y como el dominio del pensamiento requiere laboriosidad, muchos creyentes viven con esas malas hierbas. Ya son salvos e irán al cielo, pero todavía se debaten con los problemas de la mente.

¿Y tú?

No tienes por qué vivir con la mente llena de maleza, pues tu Padre te ayudará a desarraigar la mentira. No obstante, hay un segundo paso: a medida que arrancas de raíz el engaño del diablo, apresúrate a reemplazarlo con la verdad de Dios.

ARRANCA DE RAÍZ Y *VUELVE A PLANTAR*

Jacobo, el medio hermano de Jesús, hizo esta exhortación: «... reciban ustedes con humildad la palabra *implantada*, que es poderosa para salvar sus almas» (Sant. 1:21, NBLA, énfasis añadido).

La Palabra de Dios tiene el propósito de ser una semilla plantada. Nuestro corazón es la tierra, y a medida que su Palabra penetra en los surcos fértiles de nuestro interior, empiezan a brotar nuevas personas. Esta es una traducción diferente del mismo versículo: «En sencilla humildad, dejen que nuestro jardinero, Dios, con la Palabra, convierta nuestra vida en un jardín de salvación» (Sant. 1:21, MSG).

Otra traducción: «Acepten con humildad la palabra que Dios les ha sembrado en el corazón, porque tiene el poder para salvar su alma» (Sant. 1:21, NTV).

¡Qué maravillosa invitación!

Y qué aclaración tan importante, pues no basta con *arrancar de raíz*, también hay que *volver a plantar*.

En una de sus enseñanzas más fascinantes, Jesús describió a un demonio que había sido expulsado de una persona y vagaba en busca de un nuevo hogar, pero al no encontrarlo decide:

«Volveré a mi antigua guarida». Al volver, encuentra a la persona impecablemente limpia, pero vacía. Entonces sale y reúne a otros siete espíritus más malvados que él y todos se instalan en ella, y festejan. (Mat. 12:43, MSG)

Jesús imagina a una persona que decide cambiar, desechar lo viejo, decirle adiós a su vida anterior. La persona entonces enciende el cortacésped y corta la mala hierba. El demonio, como ya no es bienvenido en ese corazón renovado, va en busca de una nueva guarida.

Al no hallarla, vuelve a su antiguo hogar y encuentra a la persona «impecablemente limpia, pero vacía». Aquí la palabra clave es *vacía*. El corazón está vacío, desocupado. La persona ha puesto orden en el lugar, pero no ha sustituido los muebles viejos por nuevos. Tiene la religión necesaria para ser infeliz, una apariencia exterior, pero poco o ningún poder interior. Por lo tanto, el demonio no ve ninguna barrera, avisa a sus compinches, y estos aparecen y traen consigo una gran cantidad de problemas.

Un hogar limpio pero desocupado da lugar a un corazón agobiado y sombrío.

Eliminar lo viejo es maravilloso, pero es esencial dar paso a lo nuevo, es necesario arrancar las malas hierbas de la mentira y remplazarlas con la verdad. El mandato implícito de Cristo es «llenar la casa», renovar nuestros corazones con el evangelio y decorar nuestras paredes con la Escritura. Debemos fijar nuestros pensamientos en su verdad, reflexionar y meditar sobre ella, contemplarla.

El concepto oriental de meditación nos habla de vaciar nuestra mente. Nos imaginamos a un chamán sentado en el suelo en pose reverencial y rodeado de incienso mientras recita un mantra. Sin embargo, vaciar la mente no es dominarla.

La meditación bíblica va más allá. La Escritura define la meditación como el acto de llenar la mente. La palabra hebrea para meditación y reflexión es la misma.[1] Meditar sobre la Palabra de Dios se asemeja a lo que hace un rumiante cuando llena su estómago de hierba y la mastica una y otra vez. En Salmos 1 se considera «dichoso» a quien se deleita en la ley del Señor y medita sobre ella día y noche (v. 2).

La meditación bíblica significa saborear, degustar y ver la bondad de Dios a través de su Palabra.

Pablo escribió: «Permitan que la paz de Cristo controle siempre su manera de pensar...» (Col. 3:15, PDT). ¿Cómo se produce esto? ¿Cómo puede una persona lograr que la paz, y no el caos, domine sus pensamientos? La respuesta aparece en el versículo siguiente: «Que la palabra de Cristo habite en abundancia en ustedes, con toda sabiduría enseñándose y amonestándose unos a otros» (Col. 3:16, NBLA).

No trates a la Escritura como a un invitado, un visitante ocasional o un compañero de piso temporal; la Palabra de Dios debe *vivir en nosotros*. Su verdad se sienta a nuestra mesa, permanece en la sala de estar, es bienvenida en el dormitorio y ocupa su lugar en *abundancia* entre nosotros. Esto produce buenos resultados, aporta beneficios. «Quienes descubren estas palabras viven, viven de verdad; en cuerpo y alma, rebosan de salud» (Prov. 4:22, MSG). La Escritura asimilada de esta forma es como un nutriente para nuestro ser interior.

Satanás es alérgico a la verdad, pues no tiene respuesta para el mensaje de Dios. Cuando hablas de la Escritura, él se escabulle. Tiene la esperanza de que nunca escuches estas palabras expresadas por Jesús: «Conocerán la verdad, y la verdad los hará libres» (Juan 8:32).

¿Quieres ver cómo es el proceso de arrancar de raíz y volver a plantar?

La alarma del reloj suena junto a tu cama y hace que se active la alarma del miedo en tu mente.

Tengo demasiado trabajo que hacer hoy, no podré terminarlo.

Te das la vuelta, refunfuñas, te cubres la cabeza con la manta y te preguntas si existe una prohibición bíblica de decir que estás enfermo cuando no lo estás. Satanás te recuerda todos tus males y preocupaciones. Te lleva a un área llena de hierbas malas espinosas.

La vida es tan injusta.

Nunca tuve la ayuda que reciben los demás.

Si no tuviera tantos problemas, podría salir adelante, pero estoy lleno de problemas.

Mis padres me enseñaron a usar el orinal demasiado pronto.

No obstante, en ese momento surge un recuerdo, el recuerdo de algo que Lucado escribió acerca de las vacas, su bolo alimenticio, las malas hierbas y las semillas; y sobre arrancar de raíz, volver a plantar, las casas vacías y la Escritura. A medida que tu mente se despierta, tomas la decisión de intentarlo.

Aún en la cama, a oscuras, todavía en pijama, llevas cautivo ese pensamiento hasta la sala del trono del cielo.

Padre, estoy luchando contra pensamientos derrotistas. Una voz me dice que no estoy preparado para el trabajo del día. ¿Eres tú quien me habla?

La respuesta viene con un versículo de la Escritura.

«Pues yo sé los planes que tengo para ustedes —dice el SEÑOR—. Son planes para lo bueno y no para lo malo, para darles un futuro y una esperanza» (Jer. 29:11, NTV).

Entonces te animas.

¿De verdad, tienes buenos planes para mí?

«Dios […] nos dará junto con él todas las cosas» (Rom. 8:32, TLA).

¿Todas las cosas?

«[Dios] puede hacer mucho más de lo que jamás podríamos pedir» (Ef. 3:20, PDT).

Es como si tu Padre te hubiera dado una pala con la cual desarraigar la mentira, y así lo haces, arrancas la mala hierba de raíz y vuelves a plantar la Palabra de Dios. Reclamas para ti una de las muchas promesas de Dios, he aquí una: «Todo lo puedo en Cristo que me fortalece» (Fil. 4:13, RVR1960).

Arrancaste la mala hierba. Sembraste en su lugar la semilla. La mente de Cristo maneja ahora tu mente, y estás listo para salir de la cama y afrontar el día.

Haz uso de esta herramienta en cada decisión, en cada intersección del camino. Crea una base de datos de textos de la Escritura. He incluido una al final de este libro para que empieces. Memoriza pasajes, enfréntate a tu crítico interior, desafía los pensamientos negativos. Consulta cada impulso con el tribunal del cielo, y subordínate a él. Si sientes un freno en tu corazón, hazle caso y vuelve a preguntarle a Dios; esta es la única manera de superar el engaño del diablo.

Limpia de hierbas tu mente y nútrela.

No es la voluntad de Dios que vayas por la vida lleno de remordimientos y temiendo por tu futuro. Él te ayudará a arrancar una a una y de raíz las malas hierbas, pues según Jesús nos prometió: «Conocerán la verdad, y la verdad los hará libres» (Juan 8:32).

No es la voluntad de Dios que vayas por la vida lleno de remordimientos y temiendo por tu futuro.

Pongamos manos a la obra. En los últimos tres capítulos hemos analizado tres grandes ideas que son fundamentales para domar nuestros pensamientos:

Ten un pensamiento selectivo (prevención de pensamientos). Simplemente porque tengas un pensamiento, no estás obligado a considerarlo válido.

Identifica las mentiras (reorientación de pensamientos). Una mentira crea una narración falsa que da lugar a una reacción exagerada.

Arranca de raíz y vuelve a plantar (eliminación de pensamientos. En lugar de dejar que la mentira crezca, arráncala y reemplázala con la verdad de Dios.

Estas son las herramientas de tu kit para el dominio del pensamiento. Hasta que pongamos en práctica estas ideas, no son más que eso, ideas. Vamos a usarlas entonces para enfrentar algunos de los patrones de pensamiento más peligrosos que Satanás trata de inculcar en nosotros.

Hice una lista. ¿Es fiable? Creo que sí. Este libro se publicó durante mi cuadragésimo sexto año en el ministerio. ¡Cuarenta y seis años! Casi medio siglo de conversaciones, sesiones de asesoramiento, refunfuños, quejas y problemas. Al reflexionar sobre lo que he escuchado, identifico que los problemas tienen una causa: los pensamientos repulsivos. Según mi experiencia, las formas más comunes de pensamientos repulsivos son las que estamos a punto de abordar.

Cuando luchas contra la ansiedad
Cuando tienes sentimientos de culpa
Cuando no puedes encontrar alegría
Cuando te atrae la lujuria
Cuando te sientes abrumado
Cuando el dolor te confunde
Cuando temes que Dios te rechace
Cuando no puedes lograr satisfacción

La fortaleza que te aprisiona, la encontrarás en esta lista y seguramente podrás añadir algunas más. Verás que las herramientas de tu kit funcionan frente a cualquier cosa que Satanás lance contra ti. Con el paso del tiempo comprobarás que arrancar de raíz, volver a plantar y reflexionar de la manera que Dios quiere sí da resultado.

El hará por ti lo que los guardabosques hicieron por un alce macho que tenía un neumático alrededor del cuello. Un agente de parques nacionales y vida silvestre del estado de Colorado avistó el animal a unos cincuenta kilómetros (30 mi) al oeste de Denver. En los meses siguientes, las cámaras de los senderos de montaña captaron imágenes del alce en múltiples ocasiones. Las autoridades hicieron públicos los videos e instaron a los excursionistas a informar de cualquier avistamiento. Tardaron dos años, pero finalmente una pista permitió que los expertos en fauna silvestre lo localizaran.

No es la voluntad

de Dios que vayas

por la vida lleno

de remordimientos

y temiendo por

tu futuro.

Sedaron al animal, que pesaba unos 270 kg (600 lb) y, preocupados por si se despertaba antes de que pudieran cortar el neumático, optaron por un método más rápido: cortaron la cornamenta y sacaron el neumático. Los agentes calcularon que este contenía unos cinco kilos (10 lb) de basura. Por lo tanto, cuando el alce se despertó, se alejó con mucha menos carga.[2]

Nos sentimos identificados con esto, pues metemos la cabeza en sitios equivocados y llevamos cargas innecesarias; y, a menos que alguien nos siga la pista y nos ayude, nunca nos libraremos de ellas.

Sin embargo, Dios lo hizo y continúa haciéndolo; hace lo que nosotros no podemos hacer. Dejémoslo hacer, ¿de acuerdo? Es hora de soltar algunas cargas y seguir adelante.

PARTE II

CÓMO ESCAPAR DE LOS TORBELLINOS DE PENSAMIENTOS NEGATIVOS

CINCO

CUANDO LUCHAS CON LA ANSIEDAD

A veces Dios calma la tormenta.

Así fue con Moisés. Detrás tenía a Faraón, furioso. Delante, las olas espumosas del mar Rojo. Alrededor, dos millones de israelitas nerviosos. La única vía de escape del patriarca era hacia el cielo. Solo Moisés sabe si agitó su vara enojado ante Dios o si la alzó acudiendo a él desesperado, pero la cuestión es que clamó al cielo, el mar se abrió, los israelitas se apresuraron a cruzar por suelo seco y Egipto quedó allá atrás a lo lejos.

A veces Dios calma la tormenta.

Así fue con Daniel. Al profeta lo habían invitado a la fosa de los leones para la cena. Lamentablemente, él era la cena. Daniel decidió orar antes de la comida. La respuesta para esa oración fueron leones incapaces de abrir la boca.

A veces Dios calma la tormenta.

Así fue con Pablo y Silas. ¿Cómo se iban a imaginar que, en Filipos, te enviaban a la cárcel por predicar? Las autoridades los encerraron en un calabozo. La ejecución ya estaba decidida. En cuestión de minutos, pasarían de cantarle a Dios en la cárcel a cantarle a Dios en persona. Sin embargo, Dios tenía otros planes. Él abrió la celda y ablandó el corazón del guardia. Pablo y Silas quedaron libres, el guardia se bautizó y la tormenta quedó atrás.

A veces Dios calma la tormenta.

Extirpa el cáncer, traslada al jefe malhumorado, vuelve a llenar la billetera. El soplo de aliento del cielo dispersa las nubes para que el cielo oscuro invernal se convierta en cielo azul primaveral. A veces él calma la tormenta.

No obstante, otras veces elige calmar a sus hijos.

En lugar de aquietar la tempestad, aquieta al marinero. En lugar de eliminar la enfermedad, elimina el miedo. En lugar de borrar la deuda, borra la duda. La tormenta continúa, el viento sigue soplando, pero sus hijos ya no se inquietan. Hasta pueden tomarse una siesta.

Así hizo Jesús. ¿Recuerdas esa noche?

Luego Jesús entró en la barca y comenzó a cruzar el lago con sus discípulos. De repente, se desató sobre el lago una fuerte tormenta, con olas que entraban en la barca; pero Jesús dormía. Los discípulos fueron a despertarlo:

—Señor, ¡sálvanos! ¡Nos vamos a ahogar! —gritaron.

—¿Por qué tienen miedo? —preguntó Jesús—. ¡Tienen tan poca fe!

Entonces se levantó y reprendió al viento y a las olas y, de repente, hubo una gran calma. (Mat. 8:23-26, NTV)

¿Qué te asombra más: que Jesús calmó la tormenta o que dormía despreocupado?

¿Cómo se puede dormir en plena tormenta? La barca rebotaba cual pelota de ping-pong y las olas cruzaban la cubierta. ¡Los discípulos gritaban, el cielo tronaba y Jesús roncaba! La barca era un moisés para él.

¿Necesitas esa paz?

No eres el único. La ansiedad es cosa de todos los días para mucha gente en la actualidad.

Al momento de escribir este libro, el 43 % de los adultos estadounidenses sienten más ansiedad que el año anterior.[1] Los motivos son fáciles de detectar. Nos sentimos abrumados por problemas: los huracanes y los incendios forestales arrasan con ciudades, Medio Oriente es un polvorín, los dictadores están al acecho, la IA nos va a devorar el cerebro y las bombas atómicas van a destruir el mundo.

Gracias a ese torbellino de angustia, dormimos menos, discutimos más, tenemos mala digestión y nos duele todo. El exceso de estrés puede elevar la presión arterial, ocasionar flatulencias, afectar la vida sexual y generar canas.[2] Incluso la ansiedad leve aumenta un 20 % el riesgo de morir.[3]

La generación Z se ve sumamente afectada. La tercera parte de los estudiantes universitarios reconoce sentir ansiedad «siempre» o «la mayor parte del tiempo» y otra tercera parte admite que le ocurre al menos la mitad del tiempo.[4] Es decir que apenas el 33 % de los adultos de edad universitaria vive en general con una sensación de paz.

Para ser justos, la ansiedad en dosis limitadas es buena. Un estudio no atribuye la longevidad a una actitud despreocupada, sino a la diligencia para respetar las reglas.[5] La ansiedad sana nos impulsa a pagar las cuentas, comer bien y evitar situaciones peligrosas.

Cierta dosis de ansiedad es saludable. Una avalancha cotidiana de ansiedad no tanto. Dios diseñó nuestro cuerpo para que reaccione ante los picos de estrés y luego vuelva a la normalidad. Sin embargo, el exceso de ansiedad impide regresar a la normalidad. Es una alarma que nunca deja de sonar.

Las mascotas son un buen ejemplo. Mi perro, Andy, está acurrucado a mis pies. En este momento, no siente ansiedad. Eso no significa que sea inmune a la intranquilidad. Si saliera a pasear por el bosque que hay detrás de casa podría toparse con un coyote o un jabalí, y eso activaría su instinto primario. Se le aceleraría el corazón, generaría adrenalina y huiría a nuestro patio a la seguridad del hogar. Una vez aquí recobraría el aliento y se acurrucaría a mis pies. La ansiedad ya habría quedado atrás.

Su amo no tiene todo tan claro. Yo tiendo a interiorizar las amenazas. Me viene a la mente...

- **una mentira:** los coyotes me van a matar;
- **una narración falsa:** soy demasiado frágil para salir de mi casa;
- **una reacción exagerada:** ¡hay coyotes por todas partes y no voy a salir nunca más de mi hogar!

A Andy no le dan úlceras.

¿Y a su amo? Eso está por verse.

Ante esta oleada de agitación, ¿no tiene lógica comenzar a domar nuestros pensamientos abordando el problema de la ansiedad?

Primero, una aclaración. Los períodos prolongados de agitación pueden derivar en una depresión clínica. Se trata de algo más grave que esos tiempos de tristeza o desgano que todos atravesamos en ocasiones. Es un trastorno genético y químico que lleva a la desesperación.

La ayuda de Dios ante esta situación (y otras) probablemente incluya la terapia, la consejería pastoral y quizás la medicación. No tiene nada de malo: «uno de cada cinco adultos sufre un problema de salud mental cada año».[6] Si eres uno de ellos, pide ayuda. Una combinación de consejería cristiana y medicamentos es aceptable y puede ser recomendable, según la situación.

Más allá de nuestro nivel de estrés, a todos nos viene bien la receta de Pablo para el corazón ansioso:

> Estén siempre llenos de alegría en el Señor. Lo repito, ¡alégrense! Que todo el mundo vea que son considerados en todo lo que hacen. Recuerden que el Señor vuelve pronto. No se preocupen por nada; en cambio, oren por todo. Díganle a Dios lo que necesitan y denle gracias por todo lo que él ha hecho. Así experimentarán la paz de Dios, que supera todo lo que podemos entender. La paz de Dios cuidará su corazón y su mente mientras vivan en Cristo Jesús. (Fil. 4:4-7, NTV)

Según Kindle, acabas de leer el versículo más subrayado de la Biblia.[7] La Biblia es el libro más subrayado de dicha aplicación de lectura y Filipenses 4:4-7 es el pasaje bíblico más subrayado. Aparentemente hay una pandemia de ansiedad, pero también hay esperanza.

CONFÍA EN DIOS

«Estén siempre llenos de alegría en el Señor. Lo repito, ¡alégrense!» (Fil. 4:4, NTV).

Es más fácil decirlo que hacerlo, ¿no? ¿Cómo puedo alegrarme si tengo que pagar las cuentas, criar a los niños y cumplir con el trabajo? Esa pregunta es el marco ideal para utilizar la herramienta «Arranca de raíz y vuelve a plantar». ¿Surgen pensamientos negativos de ansiedad? No te los permitas. Hala con fuerza de la maleza de la ansiedad y retírala.

Luego, antes de que el enemigo pueda dejar una semilla, recuérdale y recuérdate que vives «en el Señor». Lo escribió Pablo: «Estén siempre llenos de alegría *en el Señor*» (énfasis añadido).

A mediados de la década de 1970, Steven Spielberg produjo una película llamada *Tiburón*, una ficción donde un tiburón monstruoso se comía a la gente que nadaba en una playa de Nueva Inglaterra. En una escena emblemática, vemos que el capitán malhumorado de un barco, el comisario y un científico parten en el barco pesquero del capitán en busca del tiburón que nadie había visto aún. Cuando lo vieron, casi se desmayan del miedo. El comisario dejó una de las frases más famosas de la historia del cine: «¡Necesitarás un barco más grande!».[8]

Su navío no era rival para esa amenaza. Supongamos que hubieran estado en una embarcación más grande: el *Knock Nevis*. Era el barco más grande de la historia, de más de cuatro canchas de fútbol americano de longitud. Pesaba más de 564 000 toneladas. Si hubieran visto al tiburón gigante desde la cubierta de este barco petrolero, habrían reaccionado de otra manera. Habrían detectado al tiburón, hablado de él y quizás lo habrían fotografiado, pero ¿le habrían temido como le temieron en el barco más pequeño? No. En un navío grande se habrían sentido seguros.

En el mar de la vida nadas con tiburones que atacan, muerden y devoran, pero no pueden destruirte. ¿Por qué? Porque estás a bordo del buque *El Dios Viviente*, protegido en sus manos, afirmado en sus planes y sostenido en su gracia.

Si piensas que afrontas en soledad tus problemas, nunca hallarás paz verdadera y sostenida. En cambio, si piensas que los afrontas *en el Señor* (en la presencia, en el nombre, en el poder y en la protección del Señor), podrás estar lleno de alegría porque estarás lleno del Señor.

Jesús da esta garantía: «La paz os dejo, mi paz os doy; yo no os la doy como el mundo la da. No se turbe vuestro corazón, ni tenga miedo». (Juan 14:27, RVR1960).

Jesús contrasta dos tipos de paz: la que ofrece el mundo y la que ofrece él.

La paz que ofrece el mundo depende de las circunstancias. Si el clima es lindo. Si el tránsito está tranquilo. Si la bolsa sube. Si el colesterol baja. Si mi cónyuge está feliz. Si el vuelo sale a horario. Si. Si. Si. Si.

¿Tu paz depende de los «si»?

Cambia la paz de los «si» por la paz de «él».

«Mi paz os doy».

> Cambia la paz de los «si» por la paz de «él».

¡Jesús ofrece la paz de *él*! Para que quede claro, no ofrece una paz *como* la que él tiene, sino que ¡ofrece su propia paz!

Una vez vi reflejada esa paz en el aeropuerto internacional de Chicago. Si había algo que faltaba allí era paz. Se oían los truenos. Adentro se palpaba la tensión. Ya era tarde y los pasajeros estábamos molestos, pues salvo que se aclarara el cielo, tendríamos que buscar un hotel para pasar la noche y un vuelo para el día siguiente.

Cuántas quejas había.

Yo era parte del problema. *¿Comida de aeropuerto otra vez? Vaya.*

Todos estábamos enojados. Bueno, casi todos. Oí que alguien cantaba. A unos metros de mí había una madre con su bebé lactante cubierto por una manta. Me quedó claro que la persona más tranquila del lugar era un bebé de pocos meses.

El bebé tenía paz porque estaba con la madre. El bebé tenía la paz de la madre: el calor de su cuerpo, los nutrientes de su leche, el consuelo de su canción y la seguridad de su presencia. Si lo hubieran arrancado de los brazos de la madre, habría surgido el miedo. Sin embargo, como estaba cerca de ella, el bebé era la persona más tranquila del aeropuerto.

En esa situación del aeropuerto, ¿serías uno de los viajeros ansiosos y fuera de quicio o el bebé tranquilo?

Dios quiere darnos lo que la madre le dio a ese bebé: su calor, sus nutrientes, su seguridad. Podemos tener la paz de Jesús. Podemos arrancar la maleza de los pensamientos catastróficos y reemplazarlos con verdades como esta: «Y la paz de Dios, que sobrepasa todo entendimiento, guardará vuestros corazones» (Fil. 4:7, RVR1960).

Cuando tu corazón necesite paz, confía en Dios. Además, háblale a Dios.

HÁBLALE A DIOS

«En toda ocasión, con oración y ruego, presenten sus peticiones a Dios y denle gracias» (Fil. 4:6, NVI).

Satanás odia verte orar. Él no se desmaya cuando escuchas una prédica. Los demonios no retroceden ante tus actos de benevolencia. Los principados del infierno no se alteran cuando abres un libro cristiano (a menos que sea de Lucado). Sin embargo, las paredes del infierno se sacuden cuando inclinas la cabeza para orar con un corazón sincero y una confesión fiel.

Satanás conoce el poder de la oración. Él es consciente de estas promesas.

«Acérquense a Dios, y Dios se acercará a ustedes...»
(Sant. 4:8, NTV).

«... La oración ferviente de una persona justa tiene mucho poder y da resultados maravillosos» (Sant. 5:16, NTV).

«El SEÑOR está cerca de todos los que lo invocan, sí, de todos los que lo invocan de verdad» (Sal. 145:18, NTV).

¿Anhelas paz? Entonces ora.

«La oración es esencial en esta guerra continua. Oren mucho y durante mucho tiempo» (Ef. 6:18, MSG).

No puedes controlar los sucesos incontrolables, así que no lo intentes. Tampoco puedes cambiar el futuro mientras esté en el futuro, así que no lo intentes. Hay muchas cosas que no podemos hacer, pero hay algo que tenemos que hacer: tenemos que orar.

La ansiedad surge cuando pensamos que el mundo está fuera de control. La *mentira* nos lleva a creer que el problema no tiene solución. De allí deriva la *narración falsa*: «Mi vida es una vorágine de desastres» y finalmente aparece la *reacción exagerada*: «¡Es el fin! ¡Es el fin!».

Debes estar alerta a esta escalada. Desactiva esos pensamientos apenas empiecen a formarse y, en lugar de hacerles caso, hazle caso a él. La ansiedad se va cuando acudimos a quien tiene todo bajo control.

Dios lo resucitó [a Cristo] de la muerte y lo entronó en el cielo. Lo puso *a cargo* del universo, desde las galaxias hasta los gobiernos, ningún nombre ni poder está exento de su dominio. Y no solo por este momento, sino para siempre. Él *tiene el control* y la última palabra sobre todo. (Ef. 1:20-22, MSG, énfasis añadido)

Cristo gobierna todo. Si un meteorito cruza el cielo a toda velocidad, es porque Cristo así lo ordenó. Si una jirafa respira por primera vez en el Congo, Jesús sabe cuántas veces respirará en toda su vida. ¿Y la migración de las belugas por los océanos? Cristo determina su itinerario.

Él tiene dominio del mundo y de tu mundo: la fecha de tu nacimiento y de tu muerte, tus cambios de ánimo, tus ritmos de sueño, tus hábitos alimentarios, tu salario, el tránsito cuando vas al trabajo, la artritis de tus articulaciones. Cristo reina sobre todo eso. Nada lo sorprende. Nada lo toma desprevenido. Jamás de los jamases se preguntó: «¿Cómo sucedió eso?».

Arranca de raíz el temor al caos y *vuelve a plantar* la promesa segura: «[Dios] hace que todas las cosas resulten de acuerdo con su plan» (Ef. 1:11, NTV).

Jesús es el comandante del cosmos. «¿Cuánto cuestan dos gorriones: una moneda de cobre? Sin embargo, ni un solo gorrión puede caer a tierra sin que el Padre lo sepa» (Mat. 10:29, NTV). No hay nadie más al mando. Hizo salir una moneda de la boca de un pez. Detuvo las olas con una palabra. Habló y secó un árbol. Oró y una canasta se convirtió en banquete.

La economía, la meteorología, la biología… «Todas las cosas me han sido entregadas por mi Padre» (Mat. 11:27, NBLA). Tu gran problema para él es más fácil que la tabla del uno. «Lo imposible para los hombres, es posible para Dios» (Luc. 18:27, NBLA).

Satanás no quiere que creas eso. Quiere que te sientas solo como ratón en un nido de víboras. No le hagas caso. La clave es detectarlo rápido. Lleva tus pensamientos a Jesús. Cuanto antes ores, más rápido hallarás paz: «¡Tú guardarás en perfecta paz a todos los que confían en ti, a todos los que concentran en ti sus pensamientos!» (Isa. 26:3, NTV).

Las rodillas en el suelo nunca tiemblan.

Confía en Dios.

Háblale a Dios.

Y algo más…

AGRADÉCELE A DIOS

«Denle gracias por todo» (Fil. 4:6, NTV).

¿Por todo? ¿Incluso por el desastre que hacen los bebés, por las exigencias de mi jefe y por los errores de mi cónyuge?

¿Incluso cuando solo hay maná para el desayuno, el almuerzo y la cena?

Esa era la pregunta de los israelitas.

Los refunfuñones más famosos de la Biblia son los judíos que deambularon por el desierto. Si buscas la palabra *queja* en el diccionario hebreo, hallarás la imagen de un israelita mostrándole el maná a Moisés y preguntándole: «¿Otra vez?».

Casi se oye desde aquí el coro de quejas amargas.

«Comenzaron entonces a murmurar en contra de Moisés»
    (Éx. 15:24).
«Toda la comunidad murmuró contra Moisés» (Éx. 16:2).
«Y murmuraron contra Moisés» (Éx. 17:3).
«Todos los israelitas murmuraron contra Moisés y Aarón»
    (Núm. 14:2, NBLA).
«Toda la congregación de los israelitas volvió a murmurar contra
    Moisés y Aarón» (Núm. 16:41).

Qué pueblo tan feliz.

Los israelitas eran especialistas en la queja, similares al marido que siempre se quejaba del desayuno: los huevos nunca estaban bien, las tostadas siempre estaban demasiado crocantes o el café estaba demasiado frío. Una mañana pidió dos huevos: uno frito y otro revuelto. La esposa se los sirvió, uno frito y el otro revuelto. El esposo se quejó otra vez: «Los hiciste al revés; tendrías que haber freído el otro».

Así eran los israelitas. Renegaban por el calor del desierto, por la monotonía del maná y por la falta de agua. Rogaban volver a Egipto (ver Núm. 14:1-4).

Leemos de sus quejas y sacudimos la cabeza. Pensamos: *¿Cómo puede ser?* Eran esclavos en Egipto y Dios los liberó, destruyó esa dinastía como un castillo de naipes y abrió el mar Rojo como si fuera un libro. Fueron testigos de milagro tras milagro. Dios los alimentó y los guio. Huyeron con un botín y les ofrecieron la tierra prometida. ¿Y se quejaron?

¿Cómo pudieron quejarse tanto?

Parece que ellos se preguntan lo mismo sobre nosotros. Quizás no me creas, pero me contactó Moisés. El otro día recibí un mensaje peculiar de Moises@MonteSinai.com.

Querido Max:

Te vi escribir el comienzo de este capítulo. No eres el primer predicador que menciona las quejas de los israelitas. Permíteme señalarte que no fuimos los últimos en quejarnos. También en tu generación sucede bastante. Si el tránsito no avanza, se quejan. Si un auto va demasiado rápido, se quejan. Les parece que hay demasiados impuestos, pocos vuelos, demasiadas clases, pocos lugares donde comer. Hasta se quejan de cómo nos quejábamos los israelitas.

¿Cómo puede ser? Ustedes eran esclavos del pecado y Dios los liberó, destruyó la dinastía del diablo como un castillo de naipes y abrió el sepulcro de Jesús como si fuera un libro. Son testigos de milagro tras milagro. Reciben el maná de la Palabra de Dios y son guiados por el fuego del Espíritu Santo. Van repletos de dones espirituales camino a la tierra prometida. ¿Y se quejan? Creo que no habrían sobrevivido en el desierto.

Patriarcalmente,
Moisés

P. D.: Solicité de manera formal que se agregue un undécimo manda-miento. Sería «No te quejarás». No sé si me lo van a aprobar. Al fin y al cabo, los diez primeros estaban escritos en piedra.

La ingratitud no es propia de los santos. La gratitud sí.

¿Quieres eliminar el temor de tu vida? Arranca de raíz las quejas y vuelve a plantar con gratitud. Estudios indican que cultivar el agra-decimiento reduce el estrés y la ansiedad, pues la gratitud fortalece el hipocampo (la parte racional del cerebro), amplía su actividad y ayuda a abandonar la amígdala (la parte del cerebro que lleva a pelear o huir) y optar por una respuesta más calmada en el lóbulo frontal.[9]

Con probar no pierdes nada, ¿verdad? Haz una lista de tus bendi-ciones. Es imposible que convivan la ansiedad y la gratitud. Anota cosas por las que estés agradecido. Escríbele una carta de agradecimiento a una persona que haya influido en tu vida; menciona específicamente en qué te ayudó. Entrégasela en persona y prepárate para un aluvión de alegría. El camino hacia la paz de Dios está hecho de pensamientos de gratitud.

Cuando sientas la tentación de quejarte, regula tus pensamientos y elige la gratitud.

A veces Dios calma la tormenta. A veces calma a sus hijos.

Está calmando a Bill Loveless.

Bill colabora con un ministerio paraeclesial que sirve a iglesias de todo el mundo. Hace poco le diagnosticaron cáncer de páncreas y de hígado, pero la noticia no lo derrumbó. Al contrario, en una carta para sus amigos del ministerio, escribió lo siguiente:

Apenas escuché el diagnóstico pasé… [a] una nueva esfera de la presen-cia, el amor y la gracia de Dios… Lo que venía enseñando se convirtió en una realidad palpable en 3D que no había experimentado nunca. Con el Señor estamos en comunión ininterrumpida y cada día él sigue colmando mi alma de su presencia, amor, misericordia y consuelo. De verdad, no puedo plasmar en palabras lo que me está revelando el Señor, pero nunca había tenido una consciencia tan clara de su presencia.[10]

Dios está calmando a mi amiga Susannah. Ella enterró a su esposo hace unas semanas, y ya me escribió dos cartas de gratitud: una por el pasaje de la Escritura que le envié y otra por las flores que le mandamos. Es viuda a los cuarenta, con dos hijos en la escuela secundaria. Las noches se hacen largas y el futuro es incierto. Sin embargo, me escribió: «Ya puedo apreciar cosas buenas que surgen de esto».

Dios no la apartó de la tormenta, pero la calmó allí en pleno aguacero.

No hubo peor tormenta que la que embistió contra el jardín de Getsemaní; y nunca nadie oró con más pasión que Jesús en vísperas de su muerte. «¿Puedes calmar esta tormenta?», preguntó Jesús. Dios lo hizo por Moisés, por Daniel. Luego lo haría por Pablo y por Silas. ¿No podía hacer lo mismo por su propio Hijo?

Desde luego que podía, pero eligió no hacerlo. La cruz formaba parte del plan de Dios para redimir a sus hijos. Nuestro Padre no calmó esa tormenta, pero calmó a su Hijo; y Jesús marchó al Calvario en paz, una paz ilógica, proveniente del cielo, capaz de afrontar la muerte con una sonrisa.

Tú puedes hallar esa paz.

Confía en Dios. Háblale a Dios. Agradécele a Dios.

Le ruego a Dios que calme tu tormenta. Si no lo hace, que te calme a ti. Para que halles «... la paz de Dios, que sobrepasa todo entendimiento...» (Fil. 4:7, NBLA).

SEIS

CUANDO LUCHAS
CON LA CULPA

La peor de las emociones es la culpa. Es como un boxeador que te golpea una y otra vez con el remordimiento. «Debería haber controlado mi carácter». «Podría haber sido mejor madre». Nosotros nos defendemos. Intentamos protegernos mediante la negación y escaparnos con excusas. Culpamos a nuestro entorno, a nuestra crianza. Sin embargo, nada logra frenar la culpa.

Imagina si cada error que cometiste se escribiera en una tarjeta y se te entregara. Cada expresión airada, cada pensamiento de enojo, cada elección egoísta. Cada vez que lastimaste a alguien, despreciaste a Dios o desobedeciste una regla. Transgresión tras transgresión anotada en una tarjeta que se te entrega en el momento. Te sales de tus casillas; recibes una tarjeta. Pierdes el control; otra tarjeta. Mientes, chismeas, te olvidas de agradecer; una tarjeta. Administras mal el dinero; otra tarjeta. Pensamientos negativos, de crítica y de ingratitud; tarjeta, tarjeta, tarjeta.

¡No tendrías dónde guardarlas! Necesitarías una chaqueta especial para llevar tus pecados; con bolsillos grandes para los errores grandes, bolsillos interiores para los pecados secretos, e incluso bolsillos pequeños para las fallas menores. Pronto te quedarías sin espacio. ¿Cómo podrías cargar todo?

¿Y esas etapas de rebeldía? ¿Esos días y semanas en que la vida es un aluvión de errores a toda hora? Es inevitable que la vida se convierta en una gran catarata de culpa.

Intentaríamos ocultar las tarjetas, distraer a la gente para que no las vean. Cambiaríamos de tema constantemente y evitaríamos las cuestiones personales.

Las tarjetas afectarían mi visión de Dios. ¿Cómo puedo ir al cielo vestido así? No puedo. Entonces me enojo con Dios (¡exige demasiado!). O vivo asustado de Dios (no me quiere y no lo quiero). O negocio con Dios (si voy a la iglesia por un mes, Dios toma cuatro tarjetas). No obstante, en el fondo sé que estoy en problemas.

Otra vez siento acercarse esa triple amenaza:

- **La mentira:** La gracia de Dios no puede alcanzarme.
- **La narración falsa:** Dios es injusto conmigo o soy indigno de él... ¡O las dos cosas!
- **La reacción exagerada:** Estoy condenado de por vida a la vergüenza, sin libertad condicional.

¡La culpa nos arruina la vida! Según la neurociencia, la vergüenza activa la corteza cingulada anterior dorsal, que es responsable del dolor mental, y la corteza prefrontal ventrolateral, que procesa la meditación.[1] Para traducirlo: el remordimiento es malo para el cerebro. Tener secretos genera amargura, malestar físico y aflicción.[2]

La culpa y la vergüenza son hermanas, pero no gemelas. La culpa te avisa cuando haces algo malo; la vergüenza señala que hay algo malo en ti. Dios quiere utilizar la culpa para guiarte, mientras que el mundo quiere que te atasques en la vergüenza (que en el fondo implica odiarte a ti mismo a cuenta propia). Basta de vergüenza. Deja que la culpa te oriente hacia Dios. ¿Y cómo se hace? El apóstol Pablo nos puede ayudar. «La tristeza que proviene de Dios produce el arrepentimiento que lleva a la salvación, de la cual no hay que arrepentirse, mientras que la tristeza del mundo produce la muerte» (2 Cor. 7:10).

El apóstol comparó dos tipos de arrepentimiento: uno que proviene de Dios y produce liberación, y otro que proviene del sistema de este mundo y produce la muerte (vergüenza).

Uno es sano y el otro es mortífero. ¿No anhelamos la versión sana? ¿No necesitamos una manera de mirar nuestro pasado que no nos perjudique? ¿Cómo podemos arrancar de raíz la culpa y reemplazarla con semillas de gracia?

La respuesta es la confesión.

«Si confesamos nuestros pecados, podemos confiar en que Dios, que es justo, nos perdonará nuestros pecados» (1 Jn 1:9, DHH).

La palabra *confesar* evoca todo tipo de imágenes. Interrogatorios en privado. La tortura de la gota de agua. Admisión de coqueteos ante un clérigo que no conoces y no puedes ver. ¿Es eso lo que Juan tenía en mente? Para nada.

La palabra griega para confesión es un término compuesto: *jomologuéo. Jomoú* significa «asentir». *Lógos* significa «hablar».[3] Confesar es asentir, estar de acuerdo. En este caso, estar de acuerdo con Dios.

Confesar no es decirle a Dios lo que él no sabe. Imposible. Tampoco es quejarse; si solo enumero mis problemas y repaso mis desgracias, estoy lloriqueando. Confesar no es culpar. Señalar a otros se siente bien por un rato, pero no sana.

Confesar es estar de acuerdo con Dios, estar de acuerdo sobre la realidad de nuestro pecado.

LA REALIDAD DE NUESTRO PECADO

No hay que fingir que nunca pecamos, ni subestimar la gravedad de nuestro pecado. Hay que reconocer el pecado.

Nuestra iglesia se congregó por muchos años en un auditorio que funcionaba también como centro de actividades. Usábamos bancos apilables que guardábamos durante la semana y los colocábamos para los cultos de adoración del fin de semana. Los encargados de las instalaciones, a fin de garantizar que hubiera suficiente espacio para las piernas entre los bancos, nos dieron un palo de alrededor de un metro (tres pies). Las instrucciones para nuestro equipo de mantenimiento eran que separáramos los bancos utilizando el palo como referencia de la distancia.

La cantidad de congregantes aumentó y necesitábamos colocar más bancos, así que un servidor sugirió colocarlos a menor distancia para poder usar más. Estaríamos un poco más incómodos, pero podríamos sumar un par de hileras.

—¿Y el palo? —pregunté.

—Yo me ocupo —fue la respuesta.

El servidor procedió a recortarlo un poco (ahora trabaja de diseñador de butacas de aviones).

Recortar el palo de referencia puede funcionar para organizar bancos, pero no nos servirá para agradar a Dios. Él tiene una referencia del comportamiento aceptable. Nadie es capaz de alcanzarla. «Todos pecaron y no alcanzan la gloria de Dios» (Rom. 3:23, NBLA). Dios pretende la perfección. Nosotros ni nos acercamos a eso.

Tendemos a hacer lo que hizo nuestro servidor: modificamos la referencia, la expectativa. Nos comparamos con los demás, justificamos nuestro mal comportamiento, relativizamos la gravedad de nuestro pecado. El problema es que el palo de referencia no lo tenemos nosotros. Lo tiene Dios.

Al confesarnos, renunciamos a toquetear la referencia. Habría que seguir el ejemplo del apologeta del siglo XX G. K. Chesterton, quien debe de haber escrito el ensayo más corto de la historia. El periódico inglés *London Times* les pidió a varios escritores que escribieran sobre el tema «¿Cuál es el gran problema del mundo?», a lo que Chesterton respondió lo siguiente.

Estimados:

Yo soy el gran problema.

Atentamente,

G. K. Chesterton[4]

Nuestro razonamiento debería ser más o menos así: *He elegido el camino equivocado. No hice caso a las instrucciones de Dios. Sin embargo, aunque mi pecado es grande, la gracia de Dios es mayor. Confío en que me perdona.* No hace falta ser un genio. No hace falta complicarse. No escondas las tarjetas ni acortes el palo. Debemos estar de acuerdo con Dios en cuanto a la realidad de nuestro pecado.

También debemos estar de acuerdo con Dios en cuanto al remedio.

EL REMEDIO PARA NUESTRO PECADO

En un monasterio enviaron a dos monjes a comprar provisiones en la aldea cercana. Uno se encargó de la comida y el otro de las semillas para el jardín. Quedaron en reencontrarse en la puerta de la ciudad. A la hora y en el lugar acordados, el monje más joven le confesó al otro con el rostro inundado de lágrimas «he pecado» y admitió haber sido infiel aquella tarde.

El monje mayor le recordó al más joven la gracia de Dios. El joven se resistió. «¿Cómo podría atreverme a volver a la iglesia?».

El mayor lo abrazó y le explicó: «Volveremos juntos. Vamos a confesar tus pecados como si fueran de los dos».

Jesús fue incluso más allá. Se hizo cargo de nuestro pecado. «Él mismo cargó nuestros pecados sobre su cuerpo en la cruz, para que nosotros podamos estar muertos al pecado y vivir para lo que es recto. Por sus heridas, ustedes son sanados» (1 Ped. 2:24, NTV).

Al confesarnos, confiamos en el remedio de Jesús. Es así de sencillo. Debemos estar de acuerdo con Dios en cuanto al remedio para el pecado y celebrar que lo haya eliminado.

LA ELIMINACIÓN DE NUESTRO PECADO

Al presidente estadounidense Abraham Lincoln una vez le preguntaron cómo iba a tratar a los rebeldes del sur cuando acabara la guerra. El interlocutor esperaba que Lincoln prometiera venganza, pero el presidente respondió: «Los trataré como si nunca se hubieran ido».[5]

Dios hace lo mismo. ¿Quieres un corazón libre de culpa? Entonces guarda esta promesa para tu momento de arrancar de raíz y volver a plantar: «Si confesamos nuestros pecados, podemos confiar en que Dios, que es justo, nos perdonará nuestros pecados y nos limpiará de toda maldad» (1 Jn 1:9, DHH).

Qué dulce certeza hallamos en esas palabras. «Nos limpiará». Nada de «quizás», «podría ser» o «él suele». Nos limpiará. Te limpiará.

- **Arranca de raíz:** Soy un fracaso; nunca podré dejar esto atrás; no puedo hacer lo correcto.

  Esos pensamientos son maleza que debes arrancar.
- **Vuelve a plantar:** Si confesamos nuestros pecados, él nos perdona.

Cuéntale a Dios lo que hiciste. En el lugar y la postura que quieras. Ve a caminar y habla con él. O quédate en un rincón. O arrodíllate dentro de un armario. O alza las manos. Dedícale el tiempo que sea necesario. Cuéntale todos los detalles que puedas. Recuerda los hechos y déjalo exhibir su gracia.

Confiésale tus pecados.

Confiesa tus pecados a otros también. «Confesaos vuestras ofensas unos a otros, y orad unos por otros, para que seáis sanados» (Sant. 5:16, RVR1960). Podríamos aprender de las reuniones de Alcohólicos Anónimos. Allí quienes participan se presentan con una confesión: «Hola, me llamo Roberto y soy alcohólico».

Podríamos hacer lo mismo en los cultos de la iglesia. «Hola, me llamo Max y soy pecador».

Sanamos cuando somos sinceros ante otros sobre nuestras luchas.

El concepto es este: cuando aparece un pensamiento de culpa, no estás obligado a aceptarlo; selecciona tus pensamientos y llévalos cautivos.

La paradoja es que la confesión a veces nos lleva a sentir más culpa. *¿Y si pequé 100 veces pero solo confesé 99? ¿Y si me olvidé de algún pecado?*

Sí, alguno olvidaste y en el futuro olvidarás más. No solo no recordamos todos nuestros pecados, sino que tampoco los conocemos todos. La confesión perfecta es imposible, pero la sinceridad total es esencial. El poder de la confesión no está en quien la hace, sino en quien la escucha. Podemos «confiar en que Dios […] es justo» (1 Jn 1:9, DHH).

Eso fue lo que descubrió David.

> Mientras me negué a confesar mi pecado,
> mi cuerpo se consumió,
> y gemía todo el día.

> Día y noche tu mano de disciplina pesaba sobre mí;
> mi fuerza se evaporó como agua al calor del verano [...].
> Me dije: «Le confesaré mis rebeliones al SEÑOR»,
> ¡y tú me perdonaste! Toda mi culpa desapareció.
> (Sal. 32:3-5, NTV)

David no se fue del altar de la confesión con dudas, ni le preocupó haberse olvidado de algún pecado. No dijo: «Espero que el Señor me haya perdonado», sino que declaró con alegría: «Toda mi culpa desapareció». Un sabio tenía la misma convicción: «Los que encubren sus pecados no prosperarán, pero si los confiesan y los abandonan, recibirán misericordia» (Prov. 28:13, NTV).

¡Nosotros podemos tener esa misma confianza! La confesión no solo da un cierre al pasado, sino que además brinda esperanza para el futuro. Dios nos quitó ese atuendo pecaminoso repleto de tarjetas y lo cambió por una túnica blanca de pureza. «Y todos los que fueron unidos a Cristo en el bautismo se han puesto a Cristo como si se pusieran ropa nueva» (Gál. 3:27, NTV). Cuando Dios te ve a ti, ve a Jesús. La próxima vez que ese patrón de pensamientos de culpa y vergüenza quiera hundirte, proclama la garantía de la Escritura: «Dios [...] nos limpiará de toda maldad» (1 Jn 1:9, DHH).

¿En serio podemos estar seguros? ¿Podemos tener certeza de haber sido perdonados? Dios responde a toda duda con una invitación: «Prueben y vean que el Señor es bueno» (Sal. 34:8, NVI).

La expresión «prueben y vean» me recuerda cuando uno va a la heladería sin tener en claro qué sabor pedir y el heladero lo deja probar una cucharadita.

«Señor, ¿le gustaría probar nuestro delicioso helado de chocolate?».

¡Yo no espero que me lo pregunten dos veces!

Es sorprendente que Dios nos aliente de esa manera. Abre de par en par su corazón y nos invita: «Prueben y vean lo bueno que soy».

Si no crees que Dios es bueno, no vas a confesarle tus pecados. Sin embargo, si es quien afirma ser, lo harás. ¿Será bueno él? Aprovecha la oportunidad de probar y ver.

En cada página de la Escritura probarás una cucharadita de su bondad. Fue tan bueno como para darles a Adán y a Eva un jardín llamado bueno siete veces seguidas. Fue tan bueno como para darle a Abraham una nueva tierra, a Jacob un nuevo nombre y a José un lugar seguro para proteger a la nación de Israel. Fue tan bueno como para liberar a los israelitas esclavizados, darle a Josué la tierra prometida y darle a David una segunda oportunidad. Fue tan bueno como para cuidar a Rut, envalentonar a Ester, proteger a Daniel, salvar a Jonás y equipar a Nehemías.

«Prueben y vean que el Señor es bueno». Ve al establo de Belén. Qué bueno Dios, que se encarnó. Ve a la carpintería de José. Qué bueno Jesús, que vivió y trabajó en medio de nosotros. Ve a las orillas del Jordán. Qué bueno Jesús, que se bautizó con agua.

Prueba la bondad de Dios. Prueba los pescados que según Pedro no se podían pescar. Prueba el vino que no había en la boda. Prueba los panes que alimentaron a 5000 hombres y sus familias.

Prueba y ve la bondad de Dios.

A los pies de la cruz, prueba su perdón.

En el sepulcro vacío, prueba su poder.

¿No fue bueno en ese tiempo? ¿No sigue siendo bueno hoy?

¿No será tan bueno como para recibir tu confesión y perdonar tus pecados?

Alza la bandera blanca. Deja de combatir. Abandona las dudas.

Podría suceder de la siguiente manera:

Tarde por la noche. Hora de dormir. Te llama la almohada, pero también tu consciencia. Durante el día, una discusión con un compañero de trabajo se tornó desagradable. Hubo intercambio de palabras. Se hicieron acusaciones. Faltó flexibilidad. Hubo insultos. Un comportamiento de pésimo gusto. Sabes que parte de la culpa, si no la mayor parte, fue tuya.

El viejo hombre habría reprimido el hecho; hubiera guardado la discusión en un sótano ya repleto de conflictos y problemas sin resolver. La discusión de hoy habría infectado y descompuesto otra relación más. No obstante, ya no eres el viejo hombre. Estás siendo transformado mediante

Prueba y ve la
bondad de Dios.
A los pies de la cruz,
prueba su perdón.
En el sepulcro vacío,
prueba su poder.
¿No fue bueno
en ese tiempo?
¿No sigue siendo
bueno hoy?

la renovación de tu mente. Entonces, antes de irte a la cama, te tomas un momento para sincerarte ante Dios.

Usa todas las herramientas del kit:

Ten un pensamiento selectivo (prevención de pensamientos). Clava este letrero en la puerta de tu corazón: ¡El Rey de reyes prohíbe el ingreso de la vergüenza y el remordimiento!

Identifica las mentiras (reorientación de pensamientos). No permitas que las mentiras te hagan reaccionar de modo exagerado. Si surgen pensamientos acusatorios y negativos, llévalos cautivos a los pies de la cruz.

Arranca de raíz y vuelve a plantar (eliminación de pensamientos). Repite: «Ya no hay ninguna condenación para los que están en Cristo Jesús» (Rom. 8:1). En lugar de dejar crecer la mentira, jálala y reemplázala con la verdad.

Ahora podrás dormir con tranquilidad.

Otra idea. ¿Recuerdas la ilustración de las tarjetas? Haz tú mismo una tarjeta. Anota allí tu confesión. Luego rómpela en mil pedazos. Bota los pedazos en la basura. Hazlo con alegría, consciente de que Dios no guarda registro de tus errores.

«Podemos confiar en que Dios, que es justo, nos perdonará nuestros pecados y nos limpiará de toda maldad» (1 Jn 1:9, DHH).

Dios tiene un lugar donde poner tus pecados, y no es tu bolsillo.

SIETE

CUANDO NO
HALLAS ALEGRÍA

Mi nieto es un experto en alegría. Tiene apenas seis meses, y aún no sabe hablar ni caminar, pero podría dar una clase de nivel avanzado sobre cómo amar la vida. En un video que no puedo parar de mirar, el padre lo salpica mientras lo baña. El muchachito explota de regocijo. Se ríe hasta no poder respirar y luego vuelve a reírse. No podría estar más contento.

Después de mirar el video alrededor de treinta veces, me surgió una pregunta: *¿cuánto hace que no ríes así, Max?*

Mmmm. ¿Cuánto hace? ¿Cuánto hace que no siento tanta alegría y se me sacude toda la barriga?

La respuesta no me enorgullece.

¿Y tú?

Quizás tu respuesta sea que sientes esa alegría todo el tiempo. De ser así, gloria a Dios y avanza al capítulo siguiente.

Quizás tu respuesta sea: «Hace bastante. Antes reía así, pero la vida me fue desgastando».

La enfermedad me robó la salud.
La economía me robó el empleo.
El engaño de mi cónyuge me robó la confianza.
El cretino me robó el corazón.

Algo te robó la alegría. Quizás te identifiques con el protagonista del libro infantil *¿Dónde se fue mi risa?*

Me levanté esta mañana con el ceño fruncido.
Busqué mi risa por todos lados, pero se había escondido.
Busqué en los armarios, busqué en las repisas.

No pude encontrarla. ¿Dónde se fue mi risa?
Busqué por todas partes, de veras, no les miento.
Yo sigo intentando, pero no la encuentro.
Mis manos ya no aplauden; yo antes sonreía.
Estoy desesperado. ¿Dónde se fue mi risa?[1]

Parece que la alegría es frágil. Un día la tenemos y al siguiente ya se la llevó el viento de la tormenta.

Según un estudio, apenas el 33 % de los estadounidenses se consideran «felices».[2] ¿Cómo puede ser? En un tiempo de avances médicos y lujos tecnológicos sin precedentes, dos de cada tres personas viven tristes.

Más allá de todo seguimos buscando la felicidad, anhelándola. Las empresas de marketing lo saben. Las publicidades televisivas prometen un solo producto: la alegría. ¿Deseas alegría? Compra nuestra crema para manos. ¿Deseas alegría? Duerme en este colchón. ¿Deseas alegría? Come en este restaurante, conduce este automóvil, ponte este vestido. Cada publicidad presenta la imagen de una persona llena de alegría. Hasta las publicidades de cremas hemorroidales: antes de usar el producto, la persona se sienta y frunce el entrecejo; después, es el reflejo de la alegría.

Quizás ya hayas oído el chiste del pasajero de avión feliz. Todos los demás estaban de mal humor. Con motivo. El vuelo estaba demorado, la comida estaba rancia, las azafatas eran antipáticas. Sin embargo, un señor estaba contento. De hecho, tan contento que cada tanto se reía por lo bajo. Mientras el resto de los pasajeros estaban amargados y callados, él se reía. Su felicidad desconcertaba a los demás pasajeros. Desde la perspectiva de ellos, no tenía motivo para reírse. No llevaba un libro ni auriculares. Solo estaba sentado, pensaba y se reía.

En un momento, la risa se convirtió en carcajada. Otro pasajero no resistió la curiosidad y le preguntó:

—¿De qué se ríe?

—Me estoy contando chistes —le respondió.

—¿Y recién por qué se rio mucho más fuerte?

—Porque nunca había oído ese chiste antes.

Tal vez te sorprenda saber que la alegría es un tema importante en la Biblia. Para resumir: Dios quiere que sus hijos estén llenos de alegría. Así como a un padre le encanta ver a su bebé reírse con ganas, Dios anhela que experimentemos una profunda alegría.

Esa alegría no es un buen ánimo superficial fácil de perder. Tampoco es inocencia en cuanto a los desafíos de la vida. Jesús afrontó tormentas y dificultades; estuvo cara a cara con el mismísimo diablo. Vio la enfermedad y el hambre. No obstante, nunca perdió la alegría.

Él desea derramar esa alegría, *su* alegría, en tu corazón. «Les he dicho esto para que tengan mi alegría y así su alegría sea completa» (Juan 15:11).

Desechemos el concepto de que la alegría es un rasgo de personalidad innato. Esa idea falsa surge de la etimología, ya que la palabra del latín *felicitas* significa *afortunado*. Entonces, algunos nacerían pelirrojos, otros con ojos azules y otros tendrían la fortuna de nacer rebosantes de alegría.

Recuerda lo que ya mencionamos: podemos entrenar el cerebro. El cerebro cambia todo el tiempo ante nuestras experiencias. Se lo puede volver a esculpir, para crear nuevas conexiones que generen una nueva mentalidad. Así como el fisiculturista levanta peso para desarrollar los pectorales, nosotros podemos gestionar los pensamientos para desarrollar una mirada más positiva. La alegría es una destreza.

¿Te genera interés esto?

LA ALEGRÍA QUE INFUNDE VALENTÍA

La alegría que ofrece Jesús es diferente a la que prometen las concesionarias de automóviles o los paseos de compras. Él no tiene interés en una alegría que dependa de las circunstancias.

¿Su alegría dependió de la aprobación de otros? No, ni siquiera su familia creyó en él. ¿Su alegría dependió de las posesiones? No tenía ni donde apoyar la cabeza. ¿Su alegría se basó en la lealtad de la gente?

Pedro lo negó. Judas lo traicionó. Los romanos lo mataron. Sin embargo, «por el gozo que le esperaba, soportó la cruz» (Heb. 12:2).

Jesús gozó de una alegría resiliente.

Pedro habló de esa alegría: «A quien amáis sin haberle visto, en quien creyendo, aunque ahora no lo veáis, os alegráis con gozo inefable y glorioso; obteniendo el fin de vuestra fe, que es la salvación de vuestras almas» (1 Ped. 1:8-9, RVR1960).

¿A quiénes les hablaba Pedro? «A los elegidos por Dios que viven como extranjeros en las provincias de Ponto, Galacia, Capadocia, Asia y Bitinia» (1:1, NTV).

Pedro les escribió a cristianos perseguidos, hombres y mujeres expulsados de sus ciudades y separados de sus familias. Los adversarios les habían quitado sus derechos, propiedades y posesiones; sin embargo, no les habían quitado la alegría. ¿Por qué? «Ustedes aman a Jesucristo a pesar de que nunca lo han visto. Aunque ahora no lo ven, confían en él y se gozan con una alegría gloriosa e indescriptible» (1 Ped. 1:8, NTV). ¿Cuál es la fuente de esa alegría? Jesús. Como nadie pudo quitarles a Jesús, nadie pudo quitarles la alegría.

¿Y tú? ¿Has enterrado un sueño, un matrimonio o a un amigo? ¿En esas parcelas de la vida yace también tu alegría?

De ser así, quizás hayas anclado el barco de tu alegría en el lugar equivocado.

En mi época de soltero, viví en una casa flotante atracada en el río Miami. El nivel del agua subía y bajaba con la marea, y la casa se bamboleaba con el tráfico del río. Sin embargo, aunque el río cambiaba y la casa se sacudía, nunca nos fuimos a la deriva. La casa flotante estaba anclada a una pared de concreto.

Las personas con la alegría que infunde valentía hicieron algo similar, amarraron su corazón al pilar correcto: Dios. ¿Eso significa que nunca afrontan tormentas en la vida? No. ¿Significa que no hay pesar en su vida? No. «En este mundo afrontarán aflicciones, pero ¡anímense! Yo he vencido al mundo» (Juan 16:33). ¿Eso significa que nunca deben atravesar las tierras áridas del dolor? No. Significa que ese pesar no es para siempre. «Su tristeza se convertirá en alegría» (Juan 16:20).

La barca se va a sacudir. Tu ánimo va a fluctuar. No obstante, ¿quedarás a la deriva en un mar de desesperación? No, porque habrás hallado una alegría que infunde valentía incluso en plena tormenta, y esa alegría es sumamente contagiosa.

ALEGRÍA CONTAGIOSA

Hace algunos años, fui al culto de adoración de una iglesia del barrio. Cuando me bajé de mi vehículo, un muchacho entusiasmado me saludó con la mano y pasó gritando: «Qué felicidad ir a la casa del Señor».

Yo terminé apurando el paso para seguirlo.

Su alegría fue contagiosa. Tal como la de la iglesia del Nuevo Testamento. No eran famosos por sus edificios o denominaciones, sino por su alegría. «... partiendo el pan en las casas, comían juntos con alegría y sencillez de corazón, alabando a Dios, y teniendo favor con todo el pueblo» (Hech. 2:46-47).

Los primeros cristianos eran alegres. Se podría decir que no hay cristianos que no lo sean. La expresión «cristiano alegre» es redundante. ¿Hace falta el adjetivo? No hablamos de *cadáveres muertos* ni de *agua mojada* o del *apuesto Max* (solo quería ver si seguías prestando atención). Lo ideal sería que no hiciera falta agregar *alegre* al hablar de un *cristiano*.

No obstante, hace falta. Porque tendemos a ser especialistas en la «alegría condicional» en lugar de la «alegría que infunde valentía».

William Barclay no anduvo con vueltas al escribir: «Un cristiano triste es una contradicción, y en toda la historia de la religión nada ha dañado más al cristianismo que su conexión con atuendos negros y rostros apesadumbrados».[3] Sin embargo, Dios puede convertir nuestra alegría condicional en alegría que infunde valentía. Invitémoslo a derramar una alegría indescriptible en nuestro corazón.

Cuando optamos por la alegría, seleccionamos nuestros pensamientos. Es más, también ayudamos a otros a hacer lo mismo.

Según un estudio de sociólogos de la Universidad de Harvard, la alegría es contagiosa. Se propaga como la gripe entre los amigos, los vecinos y los colegas. «El estudio a más de 4700 personas seguidas por veinte años permitió descubrir que la gente feliz mejora las probabilidades de que sus conocidos sean felices».[4] La alegría tiene un efecto dominó. La búsqueda de la felicidad es más que palabras en la Declaración de la Independencia de Estados Unidos y un paso necesario para hacer más felices a los demás.

¿Es hora de elevar tu nivel de alegría? ¿Y si lo único que te falta para tener esa felicidad permanente es cambiar la mentalidad?

Veamos algunas ideas para aprovechar el kit de gestión de pensamientos.

LAS CLAVES PARA LA ALEGRÍA

Evalúa tu nivel de alegría

No seas flojo con la disciplina de proteger la mente. Interrumpe enseguida toda noción que pretenda quebrarte el alma. El profeta Jeremías fue ejemplo de lo alerta que debemos estar. Lo llamaban el «profeta llorón» porque era justamente eso: un profeta llorón. Su Jerusalén estaba siendo atacada; su amada nación se había apartado de Dios. «... mi alma ha sido privada de la paz, he olvidado la felicidad» (Lam. 3:17, NBLA).

Sin embargo, luego recordó la respuesta para la desesperación: «Pero algo más me viene a la memoria, lo cual me llena de esperanza: Por el gran amor del Señor no hemos sido consumidos y su compasión jamás se agota. Cada mañana se renuevan sus bondades; ¡muy grande es su fidelidad!» (vv. 21-23).

Toma nota de la expresión «algo más me viene a la memoria». Jeremías tomó la decisión consciente de gestionar sus pensamientos. Merece una medalla. Luego testificó: «Me digo: "El Señor es mi herencia, por lo tanto, ¡esperaré en él!"» (v. 24, NTV).

Otra versión lo traduce así: «Esto traigo a mi corazón, por esto tengo esperanza» (v. 21, NBLA).

¿Y si lo único que te falta para tener esa felicidad permanente es cambiar la mentalidad?

¡Esa es la lección básica de la eliminación de pensamientos! Nosotros elegimos qué recordar. Entonces recordemos el llamado a la alegría.

Como hizo George Müller. Quedó en la historia por su ejemplo de piedad y sacrificio. En el siglo XVII, cuidó a miles de huérfanos y, en ocasiones, el peso de la tarea le pasaba factura. Un día escribió esta confesión en su diario: «Esta mañana deshonré de gran manera al Señor al irritarme con mi querida esposa». Luego agregó: «Me puse de rodillas ante Dios para alabarlo por darme una mujer así».[5]

No barrió debajo de la alfombra esa actitud malhumorada, sino que se hizo cargo. Había aprendido que las actitudes son contagiosas. La felicidad y la infelicidad se propagan a través de la influencia. Quizás por eso Müller hizo de su felicidad personal su prioridad máxima.

«Vi con más claridad que nunca que el gran asunto primario que debía atender cada día era la felicidad de mi alma en el Señor. Lo primero no debía ser cómo puedo servir al Señor, sino cómo puedo hallar felicidad para mi alma y cómo puedo nutrir a mi hombre interior».[6]

¿Podemos hacer lo mismo?

Te doy una recomendación práctica: vive el presente. Investigadores de Harvard crearon una aplicación que analiza los pensamientos, los sentimientos y las actitudes de la gente minuto a minuto, y descubrieron que la gente infeliz se concentra en lo que no está sucediendo.[7] La gente feliz se concentra en lo que *sí* está sucediendo. ¿No se refería a esto Jesús en el Sermón del Monte?

> Por eso les digo: No se preocupen por su vida, qué comerán o beberán; ni por su cuerpo, cómo se vestirán. ¿No tiene la vida más valor que la comida y el cuerpo más que la ropa? Fíjense en las aves del cielo: no siembran ni cosechan, ni almacenan en graneros; sin embargo, el Padre celestial las alimenta. (Mat. 6:25-26)

¡No te conformes con una vida sin alegría! Si te falta alegría, avanza rápido a la segunda clave.

Cree que la alegría es posible

En diciembre de 1914, se incendió el laboratorio Edison de West Orange en Estados Unidos. De la noche a la mañana, gran parte del esfuerzo de Thomas Edison a lo largo de su vida quedó destruido. Documentos de investigaciones acabaron incinerados. Materiales con un valor de dos millones de dólares se convirtieron en cenizas.

Charles Edison, hijo del inventor, vio el fuego y corrió frenéticamente hacia la estructura, con la ilusión de que su padre estuviera a salvo. Lo encontró observando todo a buena distancia, con el viento invernal soplándole las canas hacia atrás. El padre le preguntó: «¿Dónde está tu madre? Búscala. Tráela. Nunca más volverá a ver algo así».[8]

A la mañana siguiente, caminando entre los restos, el científico de 66 años le comentó a su hijo: «Estos desastres tienen algo sumamente positivo. Quedan destruidos todos nuestros errores. Gracias a Dios podemos comenzar de nuevo».[9]

Edison se resistió a abandonar su alegría.

Thomas Carlyle tomó la misma decisión. Fue un escritor escocés renombrado del siglo XVIII. Su libro *Historia de la revolución francesa* es considerado un clásico. Sin embargo, casi no llega a la imprenta. Carlyle le prestó el manuscrito a un amigo. La empleada doméstica del amigo lo usó para encender la chimenea.

Era la única copia.

Carlyle se sumió en la desesperación; vaciló entre la furia y el dolor. Un día miraba por la ventana a un equipo de albañiles. Luego recordaría: «Pensé en que así como ellos colocaban ladrillo sobre ladrillo yo aún podía colocar palabra sobre palabra, oración sobre oración». Eso fue lo que hizo para escribir *Historia de la revolución francesa*.[10]

Sería un disparate pensar que en la vida no hallaremos dificultades, pero también sería un disparate dar por sentado que esas dificultades pueden robarnos la alegría. El único poder que los problemas tienen sobre nosotros es el que nosotros les permitamos tener. Recuerda que la alegría es más que estar de buen humor. Consiste en una confianza bien arraigada en la presencia, el poder y las promesas de Dios. La alegría puede parecer esquiva y hallarla puede llevar tiempo, mucho tiempo. De todos modos, siempre sigue siendo una opción.

> El único poder que los problemas tienen sobre nosotros es el que nosotros les permitamos tener.

Edison y Carlyle podrían haber sucumbido a una secuencia de pensamientos destructivos: *este desastre es mortal; nunca me voy a recuperar; me conviene renunciar, jubilarme, huir a una isla remota*. Cabe destacar que no lo hicieron. Hizo falta gran determinación, pero evitaron ese espiral negativo al menos en parte porque fueron selectivos con sus pensamientos.

Tú puedes hacer lo mismo. Solo necesitas una cucharada de fe.

En Marcos 6:5, leemos uno de los pasajes más tristes de la Escritura: «Jesús no pudo hacer ningún milagro allí, excepto poner sus manos sobre algunos enfermos y sanarlos» (NTV).

Rara vez leemos que Jesús *no pudiera* hacer algo, pero es lo que vemos aquí. ¿Por qué Jesús no pudo hacer milagros? La respuesta está en el siguiente versículo: «… estaba asombrado de su incredulidad» (v. 6, NTV).

Donde no hay fe, no hay pedidos. Donde no hay pedidos, no hay poder. «Sin fe es imposible agradar a Dios» (Heb. 11:6). ¡Qué tragedia! Dios anduvo en medio de ellos y no lo buscaron.

En este pasaje tenemos aquel patrón:

- **La mentira:** Jesús no tiene poder.
- **La narración falsa:** Jesús no nos puede ayudar.
- **La reacción exagerada:** No vale la pena pedirle que nos sane.

No cometamos el mismo error. Jesús *sí* tiene poder. *Podemos* pedirle que nos ayude. ¡*Sí* nos va a ayudar! Ven con fe. Lo que Jesús les prometió a sus seguidores te lo promete a ti. «Les he dicho esto para que tengan mi alegría y así su alegría sea completa» (Juan 15:11).

Ábrete a un regalo como el que recibió Blaise Pascal. Los historiadores lo recuerdan como un genio del siglo XVII. Tras su muerte, hallaron un pequeño amuleto cosido al interior de su camisa. Allí había escrito lo siguiente:

El año de la gracia 1654.
Desde alrededor de las diez y media de la noche,
hasta alrededor de las doce y media de la noche,
Fuego.

Recuerda, fue uno de los más grandes pensadores de todos los tiempos. Está describiendo un momento que lo transformó para siempre.

Fuego.
Dios de Abraham, Dios de Isaac, Dios de Jacob,
No de los filósofos y los eruditos.
Certeza, certeza. Sensación. Alegría. Paz.
Dios de Jesucristo.
Tu Dios será mi Dios.

Queda la impresión de que estaba recibiendo un manantial del Espíritu de Dios y registraba sus pensamientos a medida que iban surgiendo.

Magnificencia del alma humana.
Padre justo, el mundo no te reconoció,
pero yo te reconozco.
Alegría, alegría, alegría, lágrimas de alegría.[11]

Este bautismo de alegría tuvo un profundo efecto sobre Pascal. Abandonó los auditorios y comenzó a escribir. En los años posteriores publicó libros como *Las cartas provinciales* y *Pensamientos*. Fue transformado para siempre la noche que descubrió «alegría, alegría, alegría, lágrimas de alegría».

¿Quién sabe si Dios no vaya a hacer lo mismo contigo? ¿Por qué no clamas a él? Esa es la tercera clave.

Clama por ayuda

Mi padre era bastante bueno para las tareas manuales y, de hecho, construyó todas las casas donde hemos vivido, con excepción de la última. En una ocasión, ocurrió un suceso ya legendario para la familia Lucado: la casa se derrumbó. Mi padre había dedicado semanas a construir un pequeño armazón de casa de madera en un pueblo del oeste de Texas llamado McCamey (como ustedes ya deben de saber, está bastante cerca de pueblos famosos como Iraan, Wink y Notrees). Todo un fin de semana, mis padres se esforzaron con éxito por poner de pie el armazón. Ese domingo por la noche, un huracán azotó la región, y cuando mi padre fue a revisar el lugar a la mañana siguiente, la casa se había derrumbado.

Mi padre se quedó una eternidad allí parado, con las manos en la cintura, mirando toda esa madera amontonada. Estaba obligado a ir a trabajar al campo petrolero. Allí les mencionó el accidente a algunos compañeros. Más tarde regresó al lugar de la construcción para desmantelar el armazón caído y volver a comenzar. Imagínate su sorpresa cuando encontró allí a más de treinta amigos y vecinos ya trabajando en eso. No solo habían restaurado el armazón, sino que también estaban avanzando con la construcción.

Terminaron de construir la casa tres semanas antes de lo que planeaban terminarla mis padres si no hubiera pasado el huracán.

Imagina la diferencia entre cómo se sintió mi padre esa mañana y cómo se sintió esa noche. Al comienzo, el huracán pareció una desgracia, pero al final fue una bendición.

¿Quién sabe si no te vaya a suceder lo mismo?

Quizás sientes que se te derrumbó el mundo, que tras tanto esfuerzo deberás hacer todo de nuevo, que estás solo contra el mundo. Te invito a pensar de otra manera, a domar tus pensamientos. No des por sentado lo peor. Da por sentado que Dios tiene un plan. Estás apenas a una oración respondida de comenzar de cero.

Clama por ayuda. Pídele a Dios que reemplace tu alegría condicional con esa alegría que infunde valentía, que te ayude a amarrarte a la roca firme de su orilla, que te muestre la alegría que no se puede perder. Él lo hará. Generará un avivamiento de alegría contagiosa en tu corazón.

Y, quién sabe, quizás termines riéndote de tus propios chistes.

OCHO

CUANDO TE ATRAE
LA LUJURIA

La Biblia incluye una historia que sonrojaría a los productores de *reality shows*. El protagonista es Amnón, hijo del rey David. Se obsesionó con su media hermana Tamar; no podía resistirse, al igual que un perro ante un trozo de carne. Ese deseo basado en la testosterona consumía su vida. «Amnón se obsesionó tanto con Tamar que se enfermó» (2 Sam. 13:2, NTV).

Jonadab empeoró las cosas. Este amigo de Amnón era un «hombre muy astuto» (2 Sam. 13:3, RVR1960). Él le pidió a Amnón una explicación sobre su situación. Amnón le reveló su deseo incestuoso y Jonadab tramó un plan. «Vete a la cama y finge estar enfermo. Cuando tu padre venga a visitarte, dile: "Manda que venga mi hermana Tamar y me prepare algo de cenar aquí, donde yo pueda verla y ella pueda alimentarme"» (2 Sam. 13:5, MSG).

A Amnón le gustó la idea y la implementó. David, que nunca vio venir la canallada, envió a la media hermana a ver a su depravado hermano. Amnón ordenó a los sirvientes que salieran para quedarse solo con la hermana y le pidió a Tamar que lo alimentara con sus propias manos. Cuando ella comenzó a hacerlo, la tomó fuertemente:

—Ven, mi amada hermana, acuéstate conmigo.

—¡No, hermano mío! —imploró ella—. ¡No seas insensato! ¡No me hagas esto! En Israel no se hace semejante perversidad. ¿Adónde podría ir con mi vergüenza? Y a ti te dirán que eres uno de los necios más grandes de Israel. Por favor, simplemente habla con el rey, y él te permitirá casarte conmigo.

Pero Amnón no quiso escucharla y, como era más fuerte que ella, la violó. De pronto, el amor de Amnón se transformó en odio, y la llegó a odiar aún más de lo que la había amado.

—¡Vete de aquí! —le gruñó. (2 Sam. 13:11-15, NTV)

Ella le rogó que no la echara y le explicó que su rechazo la estigmatizaría ante la sociedad, pero él no tuvo compasión. «Llamó a su criado. "Deshazte de esta mujer. ¡Sácala de mi vista! Y después cierra la puerta". El criado la sacó fuera, y luego cerró la puerta» (2 Sam. 13:17, MSG).

Tamar rasgó sus vestiduras para declarar su remordimiento y su impureza. El padre, David, se enteró de la atrocidad y no hizo nada. Absalón, hermano de Tamar por ambos padres, corrigió la pasividad de David al asesinar a Amnón.

Lujuria, mentiras, violación, asesinato. Qué bueno que sea una historia de hace mucho, mucho tiempo, ¿no? Este nivel de atrocidad ya no existe. Es una tragedia de tiempos primitivos... ¡Ojalá! En cuanto a perversión sexual, no parece que hayamos cambiado en lo más mínimo.

En Estados Unidos, casi tres de cada diez mujeres (29 %) y uno de cada diez hombres (10 %) han sufrido una violación, violencia física o acoso de pareja.[1] Cada minuto, 32 personas sufren violencia sexual.[2] Según los Centros para el control y la prevención de enfermedades (CDC por sus siglas en inglés), el 50 % de las mujeres y el 30 % de los hombres han sufrido maltrato sexual.[3]

Parece que en la Edad del Bronce de Amnón y en nuestra cultura moderna el peligro es el mismo: la lujuria.

Destruyó a Amnón y a Tamar, y destruye a muchos hombres y mujeres en la actualidad. Matrimonios mueren, jóvenes sufren, mujeres quedan traumatizadas, relaciones se ven arruinadas, responsables terminan en prisión. Todo por la lujuria, que no es otra cosa que pensamientos no domados. Nuestra misión de afrontar la vida domando los pensamientos perdería sentido si no habláramos de la lujuria.

LA DEFINICIÓN DE «LUJURIA»

La lujuria consiste en desear lo que no te pertenece.

En la Escritura se nos instruye a no «[adorar] (es decir, amar, desear) a ningún otro dios» (Éx. 34:14, NTV) ni mirar «con codicia sexual a ninguna joven» ni «[codiciar] a la mujer de mi prójimo» (Job 31:1, 9, NTV).

Jesús reveló: «Cualquiera que mira a una mujer para codiciarla, ya adulteró con ella en su corazón» (Mat. 5:28, RVR1960). La palabra griega que usó Jesús para *codicia* es *epidsuméo*. *Dsumós* puede significar «pasión; deseo». El prefijo *epí* significa «superimposición; agregar», por lo cual indica algo añadido a la intención original.

Lujuria y *amor* no son sinónimos. El romance es sano. Dios te diseñó para que te unas de manera profunda, agradable y desnuda con alguien del sexo opuesto bajo el paraguas del matrimonio. No es tu culpa que te llame la atención una persona atractiva. Desde que Adán vio a Eva y exclamó: «… hueso de mis huesos y carne de mi carne» (Gén. 2:23), el poder de la atracción sexual forma parte de la vida. Dios nos regaló el sexo: es un regalo de casamiento.

> *Lujuria* y *amor* no son sinónimos.

Cómete con los ojos a tu esposa todo lo que quieras. Coquetéale. Bésala. Guíñale.

> «¡Disfruta de la esposa con quien te casaste de joven!
> Es preciosa como un ángel, hermosa como una rosa.
> Nunca dejes de deleitarte en su cuerpo.
> ¡Nunca des por sentado que te ama!» (Prov. 5:19, MSG).

Lo que el sabio les aconsejó a los esposos también se les podría aconsejar a las esposas. ¡Deléitense el uno en el otro!

Sin embargo, existe una diferencia entre lo saludable del romance y lo horrible de la lujuria. La lujuria es el deseo de satisfacción sexual *fuera* de una relación de pacto.

Hemos sido claros en cuanto a la definición de lujuria y hay que ser igual de claros en cuanto a la difusión de la lujuria.

LA DIFUSIÓN DE LA LUJURIA

¿Cuál es el epicentro de la pandemia de lujuria? La pornografía. Considera estas estadísticas alarmantes.

Tres de cada cinco adultos de Estados Unidos mira pornografía, y la mitad de ellos asegura que nadie más lo sabe.[4] Dos de cada cinco personas de la generación Z y los mileniales la consumen todos los días.[5] Más de la mitad de los cristianos practicantes confiesa consumir pornografía con frecuencia, el 22 % todas las semanas y el 15 % todos los días.[6] Casi uno de cada cinco pastores en Estados Unidos lucha con la pornografía.[7]

Nunca en la historia mundial fue tan sencillo mirar lo que no se debería mirar. Se acabó el tiempo de las páginas desplegables y las miradas furtivas a revistas en rincones de tiendas. Esta es la era de la «pornografía de bolsillo». Quien tenga Internet sin filtros está a un clic (menos de tres segundos) de imágenes que hace unos años estaban fuera del alcance e imposibles de imaginar.

El chiquero de la obscenidad es bastante amplio. En Estados Unidos, los tres sitios pornográficos más populares reciben más tráfico que Netflix, Pinterest, Amazon, LinkedIn y TikTok combinados.[8]

Uno de los sitios pornográficos más grandes tiene 2273 páginas y alberga más de medio millón de videos HD de acceso gratuito. Hoy la pornografía es una combinación tóxica de imágenes deshumanizantes y agresivas que fomentan la brutalidad, el control y, en muchos casos, la crueldad. El mensaje es: ten relaciones sexuales con cualquiera, en cualquier lugar y momento, sin consecuencias.

Salomón preguntó: «¿Puede un hombre poner fuego en su seno sin que arda su ropa?» (Prov. 6:27, NBLA). ¿Puede alguien mirar clic tras clic, página tras página, imagen tras imagen de inmoralidad violenta, perversa, degradante y no infectarse? La respuesta es no, y esto se debe a la devastación que causa la lujuria.

LA DEVASTACIÓN QUE CAUSA LA LUJURIA

Un hombre que lucha con la pornografía describió la atracción de esta manera: «Soy una servilleta contra una aspiradora». No pudo salir. Existe un motivo.

La lujuria nunca queda satisfecha. Cuanto más recibe más anhela.

El cerebro tiene un centro de recompensas que consta de dos sistemas de placer, uno que excita y otro que satisface; la dopamina alimenta el primer sistema y las secreciones de endorfinas impulsan el segundo.

La pornografía hiperactiva los dos. No obstante, el *deseo* es más fuerte que la *satisfacción.* Los consumidores quedan atrapados en una cadena de deseo, satisfacción insuficiente, luego más deseo y luego satisfacción insuficiente.[9] Con el tiempo, lo que antes satisfacía ya no lo hace. La persona, en busca de más placer, recurre a más pornografía o a imágenes más violentas y fetiches, para lograr una explosión química superior.[10]

Esto es crucial, así que lo voy a repetir de un modo diferente. La excitación de la pornografía genera una ráfaga de dopamina. El final de la experiencia genera una caída de la dopamina que queda en un nivel levemente por debajo del inicial. ¿Cuál es la consecuencia? Una pequeña disforia. Un bajón anímico. ¿Cómo se combate eso? Con más placer. De hecho, más placer que la vez anterior. Luego, el nivel de dopamina queda algo más abajo. Entonces, el cerebro pide más dopamina para generar emociones. Esa es, en esencia, la cuesta abajo de la adicción.

Es difícil escapar de la trampa de la lujuria, no porque la persona sea mala o débil, sino porque la pornografía interfiere con el cerebro y desestabiliza el funcionamiento químico.

No solo se intensifica la adicción, sino que además *se distorsiona la imagen del sexo opuesto.* El doctor William Struthers escribió lo siguiente: «En la mente de estos hombres, todas las mujeres se convierten en potenciales actrices pornográficas. Sin ser conscientes, ellos crean un circuito neurológico que los incapacita para ver a las mujeres de manera correcta».[11]

¿Te acuerdas de Amnón? Él no veía a Tamar como una hermana ni como una hija de Dios, sino como una herramienta, un objeto que le daría placer. Debería haberle rogado perdón a Tamar. En cambio, la echó sin miramientos. La lujuria dio lugar al dolor.

Y lo sigue haciendo. Las tasas de divorcio se duplican cuando el hombre y la mujer consumen pornografía.[12] Es algo que socava la vulnerabilidad, la intimidad emocional y la confianza.[13] Genera una realidad inversa.[14] Los consumidores de pornografía le echan la culpa de su comportamiento a la apariencia del cónyuge o exigen que el cónyuge se comporte como los actores. En consecuencia, los cónyuges de consumidores se sienten traicionados e ineptos, como si sufrieran de estrés postraumático.

En el espiral descendente de la lujuria, también vemos aquel patrón de la mentira, la narración falsa y la reacción exagerada. En este caso:

- **La mentira:** Mi cuerpo es mío y puedo usarlo como desee.
- **La narración falsa:** Puedo tener relaciones sexuales con quien quiera y como quiera. Puedo mirar lo que quiera y cuando quiera sin que nadie salga lastimado.
- **La reacción exagerada:** Necesito tener más, mirar más y experimentar más, más allá de quiénes salgan lastimados.

Ni se te ocurra pensar que la lujuria no tiene consecuencias.

Tampoco se te ocurra pensar que las consecuencias no van a generar un escándalo. *Los pecados secretos nunca permanecen secretos.* Eso no sucede. Como el mercurio, se filtran por la grieta más pequeña. La lujuria te llevará más lejos de lo que querías ir, te atrapará más tiempo del que querías quedarte y te costará más de lo que querías pagar. Imagina el peor resultado posible de la infidelidad; ten por seguro que Satanás está tramando para que se haga realidad.

El verano antes de mi primer año de universidad, trabajé en una fábrica de aspiradoras de mi ciudad. Nunca odié tanto un empleo. Odiaba el horario: turno de las 11 de la noche a las 7 de la mañana. Odiaba la tarea: pulir la punta de cromo de las aspiradoras. Ante todo, odiaba el hollín: aunque usaba mascarilla, la cara me quedaba negra y polvorienta por el hollín.

Pronto me percaté de que era más apto para vender aspiradoras que para pulirlas. Entonces, me postulé para el equipo de ventas puerta a puerta. De todos modos, varios días después de renunciar seguía sintiendo el hollín. Lo tenía en los poros, las cutículas y las fosas nasales. Al estornudar… mejor ni te describo lo que salía.

La lujuria tiene el mismo impacto. Si la satisfaces por mucho tiempo y el hollín del pecado se hace parte de tu ser, incluso tras abandonarla, la suciedad permanece.

Considera la vida del rey David y su amorío con Betsabé. Dios quitó su culpa, pero no canceló las consecuencias. El esposo de Betsabé fue asesinado. El bebé que concibieron falleció. La influencia de David como rey disminuyó.

Tú y yo necesitamos recordar esta triste verdad. Mucho tiempo tras el perdón del pecado, perdura el hollín del pecado. Mucho tiempo tras el perdón del alcoholismo, perdura la sed. Mucho tiempo tras el perdón del chisme, perdura el recuerdo de las palabras despiadadas. Mucho tiempo tras el perdón de la malversación de fondos, perdura la dificultad para conseguir empleo. Mucho tiempo tras el final del amorío, perdura la vergüenza. Como escribió el salmista: «En mis huesos no hay salud a causa de mi pecado» (Sal. 38:3, NBLA).

De niño, mi padre me enseñó a pescar. Me mostró cómo colocar el anzuelo en la lombriz para que quedara oculto por completo. Nada demasiado lindo para la lombriz y aún peor para el pez. El pez veía a esa delicia bailotear en el agua y le clavaba los dientes, pero el bocado sabía a derrota.

Satanás es un maestro de la pesca. Conoce nuestros deseos. Lleva registro de nuestras debilidades. Hay mucho que no sabemos sobre él, pero podemos estar seguros de esto: sabe ocultar el anzuelo y le encanta pescar en el océano de nuestros pensamientos.

Entonces, ¿qué puedes hacer? Si esa es tu batalla, ¿cómo puedes ganarla? Tengo buenas noticias.

LA LIBERACIÓN DE LAS GARRAS DE LA LUJURIA

La atracción es fuerte, pero el poder de Dios es más fuerte. Quizás lleve tiempo, pero tu Padre bueno puede mostrarte la salida. Abre de nuevo el kit de gestión de pensamientos. Es momento de esforzarse al máximo por seleccionar los pensamientos, llevarlos cautivos, identificar e interrumpir el ciclo: mentira, narración falsa, reacción exagerada, arrancar de raíz y volver a plantar. En el caso de las luchas sexuales, prueba las siguientes recomendaciones.

Sé drástico

«Llevamos cautivo todo pensamiento para que obedezca a Cristo» (2 Cor. 10:5). ¿Recuerdas que estudiamos ese pasaje en el capítulo 2? El significado literal es «tomar cautivo con una lanza que apunta a [la] espalda».

Toma la lanza. Reacciona como ninja. Si la lujuria es un intruso, tú eres un perro guardián. ¡No le permitas acceder! Aunque esa mujer se vista para atraer, no estás obligado a mirarla. Aunque él te coquetee, no estás obligada a escucharlo. No puedes evitar que los pájaros sobrevuelen tu casa, pero sí puedes colocar una protección para que no ingresen por la chimenea. Aplica «la regla de los dos segundos». La próxima vez que mires más de lo debido a una persona o una imagen, tienes dos segundos para recapacitar y desviar la mirada.

Aunque te surjan pensamientos lujuriosos no estás obligado a pensarlos. «Cada uno cosecha lo que siembra» (Gál. 6:7). Así que elige bien las semillas.

Los padres debemos ayudar a nuestros hijos con este tema. No les otorgues acceso irrestricto a Internet. Revisa con regularidad su correo electrónico y su teléfono. Ten cuidado de dónde los dejas quedarse a dormir, en especial si allí hay un hermano más grande. Si te preguntan: «¿No confías en mí?», puedes responder: «¡No confío ni en mí mismo!».

Tómatelo en serio. Sé drástico.

Considera estas palabras de Pablo: «No dejen que ninguna parte de su cuerpo se convierta en un instrumento del mal para servir al pecado. En cambio, entréguense completamente a Dios, porque antes estaban muertos pero ahora tienen una vida nueva. Así que usen todo su cuerpo como un instrumento para hacer lo que es correcto para la gloria de Dios» (Rom. 6:13, NTV).

Haz de esta oración un ritual matutino: *Dios, te ofrezco las partes de mi cuerpo.* Ríndeselas una por una. *Te doy mi mente. Te doy mis ojos. Te doy mi boca.* Ríndele cada parte de tu cuerpo y, por el tema que venimos tratando, ofrécele a Dios tus órganos sexuales. *Te pertenecen, Señor. Ayúdame a usarlos para tu gloria.*

> «Aprendan a apreciar y a dignificar su cuerpo, y no abusen de él, como
> es tan común entre los que nada saben de Dios» (1 Tes. 4:4-5, MSG).

Cuando llegue la tentación, aplica de inmediato la estrategia de arrancar de raíz y volver a plantar. Sé despiadado con la inmoralidad. Arranca la lujuria de raíz como dentista que saca una muela podrida. Recurre a pasajes bíblicos como este: «Dios es fiel; no permitirá que la tentación sea mayor de lo que puedan soportar» (1 Cor. 10:13).

Medita sobre Cristo. Correr hacia Él es la manera más sencilla de huir del pecado. Para tener lejos los malos pensamientos debemos tener cerca los buenos pensamientos. Reflexiona sobre el cielo. Memoriza versículos. Escribe salmos. Escucha música de adoración cristiana. Concéntrate menos en la idea de no pensar en sexo y más en pensar en Dios.

Al correr hacia Dios, huyes del pecado y además disfrutas mucho más del camino.

Relaciónate con la gente correcta

Acude a alguien de confianza y pídele ayuda. Puede ser un terapeuta, un médico, un pastor, un amigo, un grupo. Sal de las sombras. No eres el primero en dar esta batalla. Recurre a la influencia de buenas personas y evita la influencia de malas personas.

Imagina que me acerco a ti con dos manzanas. Una fresca y pura, y la otra vieja y podrida. ¿Qué sucederá si guardo las dos manzanas en una bolsa? ¿Piensas que la manzana buena restaurará la mala? Si piensas eso, no sabes de manzanas.

¿Te estás juntando con una manzana podrida? El comportamiento adictivo exige cambiar de grupo. Hay que cambiar de amigos. No respondas los mensajes. No dediques ni un minuto a esas personas en público ni en privado. ¿Y esa gente de los chats? Para ellos eres solo una presa. Solo quieren tu dinero. Fue una tontería de Amnón escuchar a Jonadab.

No seas tonto. No sé cómo decirlo con tacto así que ni lo intentaré: no escuches a estúpidos. En cuanto a la sexualidad, todos somos estúpidos menos Dios. Lo que sucede en Las Vegas nunca queda en Las Vegas. Por ende, no vayas a Las Vegas. No pienses que podrás detenerte cuando quieras. No creas que tus pensamientos no tienen consecuencias. No pienses que puedes satisfacer tu lujuria sin lastimarte ni lastimar a nadie.

A la vez, *no subestimes el amor de Dios*. Si ya conoces este pecado, presta atención a lo siguiente: no has pecado lo suficiente como para quedar fuera de la gracia de Dios. No puedes huir de su misericordia. Él te quiere y está listo para ayudarte. Deja de confiar en ti y pasa a confiar en Dios. Convéncete de que un poder divino puede y desea ayudarte. Él puede hacer lo que tú no: borrar el pasado.

Uno de los juguetes más geniales que hay es la Pizarra mágica: solo mueves las perillas y aparece una figura. La genialidad del aparato no está en lo que puedes dibujar, sino en que lo puedes borrar; solo tienes que agitar el juguete y podrás empezar de nuevo.

En las manos de Dios, tu corazón es como una pizarra mágica. Él puede hacer lo que tú no puedes: puede borrar tu pasado.

«Si vuestros pecados fueren como la grana, como la nieve serán emblanquecidos; si fueren rojos como el carmesí, vendrán a ser como blanca lana» (Isa. 1:18, RVR1960).

El Señor puede convertir la grana en nieve y el rojo carmesí en lana blanca, algo imposible para nosotros.

En 1954 en Vancouver, Canadá, por primera vez dos atletas corrieron

No puedes huir de su misericordia. Él te quiere y está listo para ayudarte. Deja de confiar en ti y pasa a confiar en Dios. Convéncete de que un poder divino puede y desea ayudarte.

los 1600 metros (1 milla) en menos de 4 minutos en la misma carrera. John Landy lideró desde el comienzo, pero al ingresar en la recta final cometió un error garrafal: giró la cabeza hacia un costado para ver quién lo perseguía. Roger Bannister aprovechó ese momento para superarlo por el otro costado y ganar la carrera.[15]

Mirar hacia atrás puede costar caro.

Satanás quiere que mires hacia atrás, que te obsesiones con errores del pasado. Sin embargo, la gracia de Cristo te invita a seguir adelante. Cuando comienzas a seguir a Jesús, recibes una nueva vida. «La sangre de Cristo nos purificará la conciencia de acciones pecaminosas para que adoremos al Dios viviente» (Heb. 9:14, NTV).

El apóstol Pablo tenía un pasado perverso: mataba a cristianos.

El apóstol Pedro tenía una mancha en su legajo: negó a Jesús.

Los discípulos de Cristo abandonaron a su Señor. Lo dejaron cargar su cruz en soledad.

¿Qué habría pasado si se hubieran quedado reviviendo ese pasado? Si hubieran optado por quedarse empantanados en el lodo de la vergüenza, no tendríamos los Evangelios, su influencia ni sus enseñanzas.

¿Y tú? Si no siguieras adelante, ¿quién ganaría? ¿Qué mensajes quedarían sin darse? ¿Qué palabras quedarían sin decirse? ¿Qué personas se perderían tu amor? ¿Qué organizaciones quedarían sin liderazgo? ¿Qué niños quedarían sin padre?

La lujuria es una maleza que crece en las sombras, pero muere ante la luz. Por eso, es hora de seguir adelante.

Confiésale tu lucha a Dios. Háblale de ella. Él te escuchará y te ayudará. La ayuda llegará a través de un círculo de buenos amigos. Pide ayuda. Toma mejores decisiones. Haz cambios. Es momento de comenzar de cero. Es hora de ir a casa.

Hace un tiempo, me dieron de regalo de cumpleaños un cupón para llevar a lavar gratis mi automóvil. Era la oportunidad de tener el vehículo limpio sin lavarlo yo. ¿Qué piensas que hice con el regalo?

Una opción era dejarlo en un cajón, conducir el automóvil sucio y justificarme diciendo: «No lo merezco; no soy digno de ese regalo».

Otra opción era dejar el regalo en la guantera y seguir lavando yo el vehículo los sábados. Si alguien me preguntara por qué no usaba el cupón, le diría: «Prefiero ocuparme yo de la suciedad de mi automóvil».

No elegí ninguna de esas dos opciones. Usé el cupón de regalo y disfruté de tener limpio el vehículo. Te ruego que hagas lo mismo. Acepta el regalo de la enorme gracia de Dios. No te resistas por vergüenza. No lo rechaces por autosuficiencia. Acepta el regalo por lo que es: pura gracia.

Mira a tu Señor y recibe lo que él tanto desea darte: un nuevo comienzo.

NUEVE

CUANDO TE SIENTES ABRUMADO

Todavía recuerdo su nombre: Bobby Jackson. Todavía recuerdo su cuerpo: fornido como un leñador alimentado con esteroides. Aún recuerdo el dolor. Un golpe de su antebrazo contra la rejilla protectora de mi casco y mis dientes se estremecieron hasta la raíz.

Nuestro entrenador de fútbol de la secundaria me advirtió sobre este chico toda la semana previa al partido. Bobby Jackson: el hombre, el mito, la leyenda. Sin embargo, ninguna advertencia podía prepararme para este defensa que se comía a los jugadores de línea flacuchos como yo. Yo pesaba 170 libras empapado en sudor; él 230 libras, musculoso y fuerte como una roca. Podía aplastarme si quería; y en ese partido de fútbol aquel viernes en la noche, eso fue exactamente lo que hizo, jugada tras jugada durante cuatro cuartos brutales.

Él era defensa; yo era centro en la línea ofensiva. Él fue seleccionado el mejor jugador del estado; yo estaba en estado de pánico. Cada vez que salía del círculo, allí estaba él, con una expresión amenazante. Empecé el partido con muchas ganas. Al final del primer cuarto, mi entusiasmo era un «ay, no». Bobby me golpeaba, me levantaba en peso, me lanzaba. Él era un dóberman, y yo un muñeco de trapo. Me golpeó tan fuerte que hasta mis antepasados lo sintieron. Le rogué al segundo centro que tomara mi lugar. Le pregunté al entrenador si podía cambiarme para tenis de campo. Me preguntaba si alguien se daría cuenta si me unía al equipo de porristas.

Dos minutos antes de terminar el partido, me remató. Era la cuarta oportunidad y una larguísima distancia por recorrer; era hora de hacer un despeje. Mi tarea era pasarle el balón al pateador. Cuando me incliné sobre el balón, el bárbaro me preguntó si quería que me fracturara la nariz en uno o dos lugares. Me estremecí. Se abalanzó sobre mí. Lancé el balón unos tres metros (diez pies) por encima de la cabeza de nuestro pateador.

No he vuelto a ver a ese Bobby.

No obstante, he visto a Bobby más veces de las que puedo contar.

Mi amiga enterró a su esposo hace tres años. Su dolor la tiene encerrada en casa.

Cuando la compañía despidió a algunos empleados, uno de los miembros de nuestra iglesia fue el primero en salir. No importó que le faltara tan solo una década para jubilarse. Ahora ni siquiera consigue una entrevista de trabajo.

Hace poco conversé con un joven cuyo título universitario llegó con una inmensa deuda. «A este paso —me comentó—, trabajaré turnos extra hasta mis cincuenta».

Una cosa es lidiar con las dificultades cotidianas del tráfico, las ocupaciones y los deberes. Otra diferente por completo es encarar problemas del tamaño de Bobby. Todos los enfrentamos. Sin embargo, no todos lo hacemos bien. A menos que aprendamos a pensar correctamente sobre estos desafíos abrumadores, se apoderarán de nuestra mente.

Así que, enfrentemos a Bobby.

Los desafíos gigantes no se vencen con músculos más desarrollados, sino con un mejor manejo de nuestros pensamientos. Tu mentalidad es tu herramienta más valiosa. Es hora de analizar los pensamientos, interrumpirlos, extraerlos y remplazarlos. Y conozco a la persona indicada para ayudarnos.

Dios lo llamó «UN HOMBRE CONFORME A MI CORAZÓN» (Hech. 13:22, NBLA). Dios nunca pronunció tales palabras ni de Abraham ni de Moisés. Pablo fue llamado apóstol; a Juan se le

> Los desafíos gigantes no se vencen con músculos más desarrollados, sino con un mejor manejo de nuestros pensamientos.

llamó «amado», pero nunca «un hombre conforme a mi corazón». Dios coronó solo a David con ese título. ¿Por qué? ¿Qué tenía de único este hijo de Isaí? Se puede argumentar a favor de esta respuesta. Él hizo de esta frase de cinco palabras su lema sagrado: «La batalla es del Señor» (1 Sam. 17:47).

LA BATALLA

David saltó a la fama en el valle de Ela donde se enfrentó a una versión de Bobby Jackson de la Edad del Bronce. Goliat medía alrededor de tres metros (nueve pies y nueve pulgadas) de alto, llevaba una armadura de 126 libras y dos veces al día desafiaba a los israelitas a salir de su escondite y pelear contra él.

Él era el FMV (Filisteo Más Valioso) de los filisteos, quienes eran guerreros poderosos; en su máximo apogeo llegaron a tener treinta mil carros de hierro y seis mil hombres a caballo. Imagina un pelotón fascista lo suficientemente numeroso como para llenar una docena de campos de fútbol. El comandante es el gigante Goliat que se jacta: «¡Yo desafío hoy al ejército de Israel! ¡Elijan a un hombre que pelee conmigo!» (1 Sam. 17:10).

Durante cuarenta días, despertaba a los hebreos en la mañana y los obligaba a refugiarse en sus tiendas por la noche. En ochenta ocasiones distintas, los soldados hebreos escucharon su voz, dieron media vuelta y huyeron despavoridos.

Era una humillación total. Los filisteos actuaban como los abusadores de la escuela, y los soldados hebreos como niños de primer grado, indefensos y con cara de susto. Goliat los humilló, los intimidó y los desmoralizó; incluso los gusanos de cebo tenían más autoestima que ellos.

Cuando David llegó al campamento, enviado por su padre con comida para sus hermanos, el ejército temblaba como una manada de cachorros mojados.

Él era el más joven de su familia, un adolescente. Demasiado joven para ir a la guerra; demasiado joven para unirse al ejército. Al menos eso pensaban los demás; pero no David. El hijo de Isaí, rubio y delgado, apareció y comenzó a preguntar: «¿Qué dicen que darán a quien mate a ese filisteo y salve así el honor de Israel? ¿Quién es este filisteo incircunciso, que se atreve a desafiar al ejército del Dios viviente?» (1 Sam. 17:26).

La Biblia registra miles de palabras de David: sus conversaciones, sus meditaciones. Sabemos más de él que de cualquier otra persona en la Sagrada Escritura. Sesenta y seis capítulos están dedicados a su historia, y su biografía es la más extensa, excepto por la de Jesús. ¡El Nuevo Testamento menciona su nombre alrededor de cincuenta veces! De todas sus palabras registradas, estas son las primeras; y, de todas ellas, estas son posiblemente las mejores.

Él llama a Goliat «filisteo incircunciso», o en lenguaje moderno, canalla asqueroso y despreciable. ¿Es una expresión políticamente correcta? No. ¿Espiritualmente sensible? Sin dudas. Marchó a la batalla bien seguro del «ejército del Dios viviente».

Él ve la batalla; piensa en Dios.

Ve a los filisteos; piensa en el ejército de Dios.

¿Y tú? ¿Cómo se compara la reacción de David ante el enemigo con la tuya?

Hace poco pasé casi una hora recitándole a mi esposa las desgracias de mi vida. Me sentía abrumado por los compromisos y los plazos límite. Había estado enfermo. Existía tensión en la iglesia entre algunos de mis amigos. Un matrimonio al que había aconsejado decidió ignorar mis indicaciones y pedir el divorcio. Luego, para colmo, mi editor me devolvió un manuscrito que parecía ensangrentado por la cantidad de correcciones en tinta roja. Busqué algún capítulo que no necesitara reescritura y no lo hallé.

Comencé a quejarme.

Después de varios minutos de protesta, Denalyn me preguntó: «¿Dónde está Dios en todo esto?».

(Detesto cuando ella hace eso). Yo no estaba pensando en Dios. No lo estaba consultando. No estaba recurriendo a él. No estaba hablando de él.

En cambio, David no podía dejar de hablar de Dios. Cada vez que abría su boca, mencionaba al Señor.

Les preguntó a los hombres: «… ¿Quién es este filisteo incircunciso, que se atreve a desafiar al ejército del Dios viviente?» (1 Sam. 17:26).

Le declaró al rey Saúl: «El Señor, que me libró de las garras del león y del oso, también me librará de la mano de ese filisteo…» (1 Sam. 17:37).

Y le dijo a Goliat:

> Tú vienes contra mí con espada, lanza y jabalina, pero yo vengo a ti en el nombre del Señor de los Ejércitos, el Dios de los escuadrones de Israel, a quien has desafiado. Hoy mismo el Señor te entregará en mis manos; y yo te mataré y te cortaré la cabeza. Hoy mismo echaré los cadáveres del ejército filisteo a las aves del cielo y a las fieras del campo, y todo el mundo sabrá que hay un Dios en Israel. Todos los que están aquí reconocerán que el Señor salva sin necesidad de espada ni de lanza. La batalla es del Señor y él los entregará a ustedes en nuestras manos. (1 Sam. 17:45-47)

Saúl le ofreció a David su armadura y él la rechazó. Se sentía más cómodo con su honda y las piedras del arroyo. Así que, mientras Goliat afilaba su espada, David seleccionaba las piedras; aquellas que encajaban perfectamente en la correa de la honda. Esas que silban como misiles en el aire; de las que abren el cráneo de un gigante testarudo como Goliat.

Nadie apostó por David, nadie; ni sus hermanos, ni sus parientes; ni siquiera el rey Saúl. Nadie le dio a David una oportunidad de luchar.

Ellos no sabían lo que nosotros sabemos. Esta batalla no era de David; era del Señor.

¿Recuerdan su declaración? «La batalla es del Señor» (1 Sam. 17:47).

El musculoso Goliat se burló del flacucho David: «¿Acaso soy un perro, para que vengas a atacarme con palos?» (v. 43, DHH). David puso una piedra en la honda. Goliat levantó la espada. El pastor meció su honda. El gigante sonrió burlonamente. La piedra voló. El cráneo se fracturó y el duelo a muerte terminó tan pronto como comenzó. Goliat cayó al suelo.

David le cortó la cabeza. Los israelitas, de repente se llenaron de valor, vencieron a sus enemigos y comenzó un nuevo día para Israel.

Todo porque David sabía esto: La batalla es del Señor. ¿Y qué hay de ti?

TU BATALLA

¿Qué gigante busca acabar con tu vida? ¿Se presenta como una enfermedad? ¿Se disfraza de deuda? ¿O de fracaso, uno tras otro? ¿Es hora de que utilices algunas herramientas para manejar tus pensamientos?

David estaba convencido de que era el momento. La frase «pensamiento selectivo» no aparece en el texto. Sin embargo, vemos esta práctica en cada párrafo. Cuando todos en el valle de Ela tenían sus ojos fijos en Goliat, David no le prestó la más mínima atención, ni una sola vez. En el caso de David, la mentira que lleva a la narración falsa y a la reacción exagerada se convirtió en lo contrario:

- **Verdad:** «La batalla es del Señor».
- **Narración precisa:** «El Señor, que me libró de las garras del león y del oso, también me librará de la mano de ese filisteo».
- **Autoridad o poder:** ¡Honda! ¡Giros! ¡Piedra! ¡Pum!

David encontró una fuente de poder a la que podía acceder. Los pensamientos correctos conducen a la reacción correcta.

Nadie necesita decirte que hay gigantes en nuestro mundo. Nadie tiene que explicarte que esta vida es una batalla. No obstante, tal vez alguien necesite recordarte que *la batalla es del Señor*. Pon esa Escritura en tu bolsa de piedras. La próxima vez que te sientas abrumado, carga tu honda y deja que la piedra vuele.

Nunca luchas solo; nunca peleas solo. Nunca, jamás, enfrentas un desafío sin el respaldo del Dios Todopoderoso. Dios está contigo cuando te enfrentas a tu gigante. Está allí contigo cuando te llevan en camilla al quirófano. Está contigo cuando entras al cementerio. Está contigo, siempre.

Silencia la voz que murmura: «El desafío es demasiado grande», y da la bienvenida a la voz de Dios que te recuerda: *La batalla es del Señor.*

Dallas Willard escribió sobre un niño que se metió a la cama de su padre porque tenía miedo a la oscuridad. Una vez que estuvo bajo las sábanas preguntó:

—¿Estás virado hacia mí, padre?

—Sí —respondió su padre—, mi rostro está de frente a ti.

Al saber esto, el niño pudo dormir.[1]

Me alegra mucho informarte que el rostro de tu Padre celestial está vuelto hacia ti. Él no te ha dejado solo. Nunca lo hará.

Enfoca tu mente en su presencia.

Déjame mostrarte una página del diario de alguien que hizo exactamente eso. Era un salmista. Ayudó a escribir la Biblia. Sin embargo, se enfrentaba a un desafío que le desgastaba la vida, y describió su condición de esta manera:

El enemigo atenta contra mi vida:
me aplasta contra el suelo.
Me obliga a vivir en las tinieblas,
como los que murieron hace tiempo.
Ya no me queda aliento;
dentro de mí siento paralizado el corazón.
(Sal. 143:3-4)

Qué condición tan triste. Satanás había llevado al escritor a un estado en que lo obligó «a vivir en las tinieblas, como los que murieron hace tiempo». Estas palabras bastan para entristecer el corazón. Sin embargo, el escritor se negó a rendirse. Habría apreciado la herramienta llamada «ten un pensamiento selectivo», porque así fue exactamente como se enfrentó a sus tinieblas.

Traigo a la memoria los tiempos de antaño:
medito en todas tus proezas,
considero las obras de tus manos. (v. 5)

Decidió quitar la mirada de la confusión que lo rodeaba y enfocarse en el Dios que lo sostenía, y meditó en sus obras. Tal vez hizo una lista de milagros; contó sus bendiciones; recordó la bondad de Dios. Llevó cautivos los pensamientos de muerte y los sustituyó por pensamientos de vida.

Los pensamientos negativos conducen a emociones destructivas. Los pensamientos de vida generan sentimientos de esperanza. Ten una mente centrada en Dios y vive en concordancia. Medita en él. Recomiendo hacerlo enfocado en tres momentos específicos.

Entrégale a Dios tus primeros momentos al despertar

«SEÑOR, escucha mi voz por la mañana; cada mañana llevo a ti mis peticiones y quedo a la espera» (Sal. 5:3, NTV).

Deja que tus primeros pensamientos estén centrados en Dios. En lugar de temer a los desafíos que enfrentarás, agradece a Dios por las bendiciones del día. Piensa menos en lo que tienes que hacer y más en lo que Dios ya ha hecho.

Dale a Dios tus momentos de descanso

«En mi lecho me acuerdo de ti; pienso en ti en las vigilias de la noche» (Sal. 63:6).

¿Y qué hay de esos pensamientos a media noche? En lugar de dar vueltas en la cama, ve al Señor y ora. Él está cerca, tan cerca como tu próximo pensamiento. Convierte la noche en un tiempo de comunión con Dios.

Ofrécele a Dios momentos de adoración

David lo hizo. Adoró a Dios ante el gigante. Declaró su lealtad. Hagamos lo mismo. «¡Tú guardarás en perfecta paz a todos los que confían en ti, a todos los que concentran en ti sus pensamientos!» (Isa. 26:3, NTV).

El punto clave es este: ¡Dios está contigo! La gran noticia de la Biblia no es tu lucha por Dios, sino la lucha de Dios por ti. Nunca, jamás enfrentamos un desafío sin la ayuda del Dios Todopoderoso.

Díselo a tu Goliat.

Díselo al bárbaro de la línea defensiva que quiere barrer el campo contigo.

Bobby me dio su mejor golpe. Me fui del partido con la nariz ensangrentada, dolor de cabeza y algunos dientes flojos. No obstante, también salí de allí con una gran sonrisa. ¡Habíamos ganado!

Tú también vas a ganar. Después de todo, la batalla es del Señor.

DIEZ

CUANDO EL DOLOR TE CONFUNDE

Aparentaba menos de los sesenta y tantos años que tenía. Supe su edad porque vino a contarme su historia. Asistí a una conferencia en la zona donde vivía y me quedé para firmar libros en una tienda local. No recuerdo qué libro quería autografiar, pero recuerdo claramente su expresión: sombría, reflexiva. Los ojos llenos de lágrimas. Cuando me entregó el libro, afirmó:

—Era el favorito de mi esposo.

—¿Era? —le pregunté.

—Sí, era. Murió hace seis meses.

Le pedí que me explicara. Lo hizo.

Se casaron con poco más de veinte años. Tuvieron tres hijos. Tenían una vida feliz, y un excelente desempeño profesional. Entonces, a los cuarenta años, él empezó a experimentar cierta debilidad en las manos. Se ganaba la vida como mecánico, así que se dio cuenta rápidamente. El diagnóstico no podía ser peor; ELA: una enfermedad degenerativa que, con el tiempo, atrofia los músculos y deja discapacitado al paciente.

Siguió adelante; con valentía, con tenacidad. Continuó esforzándose, trabajando, asumiendo lo que le tocaba. Sin embargo, al poco tiempo ya no podía agarrar los alicates ni girar los destornilladores. Entonces llegaron la silla de ruedas, la atención médica a domicilio y los tratamientos respiratorios. Vivía, pero apenas podía moverse.

Ella estuvo con él en todo momento. Tenía cuarenta años cuando le diagnosticaron la enfermedad y sesenta cuando murió. Ella lo apoyó durante veinte años, la mitad de su vida de casada, un tercio de su vida natural. Nunca lo dejó, siempre estuvo orando, sin dudar que mejoraría.

No obstante, nunca lo hizo.

Cuando terminó la historia, se secó una lágrima y me tocó la mano.

—¿Por qué, pastor Max? ¿Por qué?

—No puedo decir que tengo una respuesta —le contesté.

—No pasa nada. —Me entregó el libro—. Lo leímos juntos muchas veces.

Lo abrí en la página de guarda, escribí su nombre, firmé el mío y añadí esta frase: «Hasta que sepamos el porqué».

No lo sabemos, ¿verdad? No sabemos por qué. Cuando se trata de las heridas y los sinsabores de la vida, tenemos ideas, opiniones, convicciones y creencias, pero las palabras del apóstol son las nuestras: «Aún no vemos las cosas con claridad. Por ahora, con los ojos entrecerrados, miramos confundidos a través de la bruma» (1 Cor. 13:12, MSG).

En algún momento la bruma se disipará y lo veremos todo, lo entenderemos todo, lo comprenderemos todo. Hasta entonces, somos propensos a la desesperación, víctimas inconscientes de la espiral que desciende hacia la incredulidad. ¿Cuántas vidas de fe se han estrellado contra las rocas de la decepción con Dios? ¿Cuántos días de alegría se han evaporado al calor de las expectativas no cumplidas?

Soñábamos con un matrimonio largo y feliz, pero nos tocó un esposo con ELA. Esperábamos una familia; sin embargo, nos quedamos con una cuna vacía. Deseábamos estabilidad, pero vivimos una mudanza tras otra. No es que nuestras expectativas sean injustas. Simplemente no se han cumplido.

Ningún área exige más vigilancia que la decepción con Dios. Las expectativas no cumplidas son el epicentro de las mentiras: la distorsión de la verdad (Dios no está al tanto de mi situación) crea una narración falsa (a Dios no le importa), lo cual conduce a una reacción exagerada (Dios ni siquiera existe).

Todos sufrimos dolor. Algunos sufrimientos los merecemos, muchos no. ¿Deformidades? ¿La muerte de un hijo? ¿Atrocidades en tiempos de guerra? ¿Qué haces con todo ello? Tu respuesta determina en gran medida la persona que eres. ¿Por qué algunos seres humanos son amargados, coléricos y ásperos, mientras que otros son tiernos, receptivos y amables? Gran parte de la respuesta se encuentra en su actitud ante el dolor.

La Escritura hace tres afirmaciones claras sobre el sufrimiento. En primer lugar, no hay opción sin dolor. «En el mundo tendréis aflicción»

(Juan 16:33, RVR1960). Nota lo que Jesús declara: «tendréis», no «*quizás* tendrás», «*podrías* tener» ni «existe la *posibilidad* de que tengas». No, tendrás aflicción. Este mundo se parece mucho más a una jungla que a un parque infantil. El dolor forma parte del paquete.

En segundo lugar, todo el mundo hace algo con su dolor. *Adormecerlo*, con alcohol, adicción al trabajo, pornografía, etc. *Obsesionarse con él*, mostrarlo abiertamente, dejar que te defina. *Huir de él*, aunque siempre te alcanza.

La aflicción es algo generalizado. Todo el mundo la enfrenta, no es ninguna sorpresa. Sin embargo, te sorprendería saber que…

En tercer lugar, el dolor muestra la gloria de Dios. Existimos para magnificar a Dios, no para promocionar el yo, el género, la raza, la persuasión política ni la denominación; existimos para difundir la gloria de Dios. En cuanto a la humanidad, Dios declara: «… los he creado para mi gloria. Fui yo quien los formé» (Isa. 43:7, NTV).

Somos para Dios lo que la luna es para el sol: un reflector de luz. Solos no tenemos luz, pero bien colocados proyectamos la luz de Dios en la noche oscura que llamamos mundo. Hacemos que él sea visible para todos. Estamos aquí para ostentar sus excelencias, y nada glorifica más al Señor que el sufrimiento.

Las joyas brillan más cuando se colocan sobre terciopelo oscuro. Todos pueden glorificar a Dios cuando los días son fáciles, pero ¿qué hay de los días difíciles? Comprender tu dolor en el contexto de la gloria de Dios puede ser la salvación de tu cordura. Esto fue lo que Job descubrió.

¿Recuerdas su historia?

UN MUNDO DESHECHO

«Había un hombre llamado Job que vivía en la tierra de Uz. Era un hombre intachable, de absoluta integridad, que tenía temor de Dios y se mantenía apartado del mal» (Job 1:1, NTV).

La Escritura difícilmente podría describir a un hombre más justo que Job. Se levantaba temprano por la mañana y ofrecía sacrificios por sus hijos. ¿Por qué? «... porque pensaba: "Quizá mis hijos hayan pecado y maldecido a Dios en el corazón". Esta era una práctica habitual de Job» (Job 1:5, NTV).

Era un hombre intachable. Si el pecado fuera como la grasa, su carácter sería antiadherente. Entonces sucedió lo más extraño. Satanás desafió a Dios:

> ¿Acaso crees que Job hace todo eso por la pura bondad de su corazón? ¡Nunca a nadie le ha ido tan bien! Lo mimas como a una mascota, te aseguras de que nunca le pase nada malo a él, a su familia o a sus posesiones, bendices todo lo que hace. ¡Siempre le va bien! Sin embargo, ¿qué crees que pasaría si extiendes tu mano y le quitas todo lo que es suyo? Te maldeciría en tu propia cara, eso es lo que pasaría. (Job 1:9-11, MSG)

Satanás sospechaba motivos ocultos. El diablo no podía imaginar que Job servía a Dios por amor. Después de todo, nadie sirve a Satanás por amor. Sus servidores quieren algo de él: placer, poder, privilegio. Satanás desconoce lo que es tener un corazón puro. Desafió a Dios para que probara a Job.

Llámalo un caso de estudio cósmico, una demostración divina. Llámalo como quieras, pero Dios estaba con Job y Satanás vino contra él. Job se convirtió en el personaje central de un análisis del sufrimiento humano. En poco tiempo, perdió propiedades, riquezas e hijos. Sin embargo, su fe no se debilitó.

> Job se levantó y rasgó su vestido en señal de dolor; después se rasuró la cabeza y se postró en el suelo para adorar y dijo: «Desnudo salí del vientre de mi madre, y desnudo estaré cuando me vaya. El SEÑOR me dio lo que tenía, y el SEÑOR me lo ha quitado. ¡Alabado sea el nombre del SEÑOR!». (Job 1:20-21, NTV)

Hasta aquí todo bien. «A pesar de todo, Job no pecó porque no culpó a Dios» (Job 1:22, NTV). Sin embargo, no te ilusiones. El Libro de Job tiene cuarenta y dos capítulos. Apenas estamos en el primero. Las fisuras en la armadura de Job comienzan a notarse en el capítulo siete, donde le declara a Dios:

«¿Por qué me haces tu blanco? ¿Acaso te soy una carga? ¿Por qué mejor no perdonas mi pecado y me quitas la culpa? Pues pronto me acostaré en el polvo y allí moriré. Cuando me busques, me habré ido» (7:20-21, NTV).

El dolor se convirtió en una plaga de termitas que invadió el tronco de la fe de Job. Se puso a la defensiva. «Si alguien quisiera llevar a Dios a juicio, ¿sería posible responderle siquiera una vez entre mil?» (9:3, NTV).

Tan solo unas páginas antes, Job adoraba a Dios. Ahora se cuestiona si podrá recibir un juicio justo de su parte. *¿Qué posibilidad tengo? Ni una entre mil.* La aflicción empezó a nublar su visión de Dios.

Se volvió desafiante. «Le diré a Dios: "No me condenes de plano, dime qué cargos tienes en mi contra"» (10:2, NTV).

Y luego otra vez: «Dios podría matarme, pero es mi única esperanza; voy a presentar mi caso ante él» (13:15, NTV). Él desea una oportunidad ante el tribunal. Quiere presentar su queja. «Pero es Dios quien me hizo daño cuando me atrapó en su red» (19:6, NTV).

Job pasó de adorador a crítico, de defensor a cínico, de decidido a inseguro. Exigió una respuesta. Dios se la dio. La explicación puede resumirse en una frase: *No lo entenderías si te lo dijera.*

Entonces el SEÑOR respondió a Job desde el torbellino: «¿Quién es este que pone en duda mi sabiduría con palabras tan ignorantes? […] ¿Dónde estabas tú cuando puse los cimientos de la tierra? Dímelo, ya que sabes tanto. ¿Quién decidió sus dimensiones y extendió la cinta de medir? ¿Qué sostiene sus cimientos y quién puso su piedra principal mientras las estrellas de la mañana cantaban a coro y todos los ángeles gritaban de alegría?». (Job 38:1-7, NTV)

¿Qué es lo que Dios quiere decir? Job, esto va más allá de tu comprensión. No sabes de lo que estás hablando. Responde algunas preguntas, y entonces tendremos una conversación sobre el sufrimiento.

«¿Y quién se hizo cargo del océano cuando brotó como un niño del vientre?» (v. 8, MSG).

«¿Y alguna vez le has dicho a la mañana: "¡Levántate!", y le has dicho al alba: "¡A trabajar!"?» (v. 12, MSG).

«¿Sabes algo de la muerte?» (v. 17, MSG).

«¿Y tienes alguna idea de lo grande que es esta tierra?» (v. 18, MSG).

Las preguntas se estrellaban sobre Job como un mar embravecido, ola tras ola, hasta que, vencido por el peso de su tribulación, clamó por misericordia, se humilló y declaró:

«Sé que todo lo puedes, y que nadie puede detenerte. Tú preguntaste: "¿Quién es este que pone en duda mi sabiduría con tanta ignorancia?". Soy yo y hablaba de cosas sobre las que no sabía nada, cosas demasiado maravillosas para mí. Tú dijiste: "¡Escucha y yo hablaré! Tengo algunas preguntas para ti y tendrás que contestarlas". Hasta ahora solo había oído de ti, pero ahora te he visto con mis propios ojos. Me retracto de todo lo que dije, y me siento en polvo y ceniza en señal de arrepentimiento». (Job 42:2-6, NTV)

¿Qué consoló a Job? ¿Qué tranquilizó su alma? ¿Qué atributo de Dios le dio paz? ¿El amor de Dios? ¿Su misericordia? ¿Su bondad? No, fue la soberanía de Dios: la convicción de que Dios tiene el control absoluto de todo lo que sucede y solo él sabe lo que está haciendo.

AFÉRRATE A LA BONDAD DE DIOS

Tú has estado donde estuvo Job. Las tragedias han azotado tu fe como una bandera en medio de un huracán. La adversidad te asaltó como un bandido en un callejón y te dejó luchando por ponerte en pie. Tienes ganas de rendirte; deseas alejarte de Dios; sientes el impulso de tirar tu Biblia a la basura.

Lo entiendo. La tragedia libra una guerra sin cuartel contra la fe. El campo de batalla de la fe está lleno de restos de convicciones que alguna vez fueron sólidas.

Por favor, no dejes que la tuya esté entre ellas. En lugar de eso, toma algunas medidas prácticas para aferrarte a la bondad de Dios.

Invita a Dios a usar tu sufrimiento para su gloria

Esta es una oración poco común. La mayoría de los cristianos le piden a Dios que elimine el dolor, no que lo utilice. El apóstol Pablo hizo ambas cosas. Al principio de su ministerio oró para que Dios quitara el aguijón que tenía en su carne (2 Cor. 12:7-9). Más tarde, tomó esta resolución: «... a fin de [...] participar en sus sufrimientos [los de Cristo] y llegar a ser semejante a él en su muerte» (Fil. 3:10, NVI).

Al parecer, la oración de Pablo cambió de «quita esto» a «usa esto».

Resiste el impulso de exigir una razón

Si Dios diera razones, ¿las entenderíamos? Charles Spurgeon declaró: «El que exige una razón de Dios no está en condiciones de recibirla».[1] Job encontró consuelo cuando por fin se rindió a Dios, cuando llegó al límite de sí mismo.

Lo más importante: cuida tus pensamientos

¿Recuerdas lo que hemos aprendido sobre el pensamiento selectivo? Rechaza toda idea que contradiga la verdad de Dios y aférrate a su bondad como el bote salvavidas que es.

Hace unas horas llamó mi hermana. Su esposo de sesenta y un años murió hoy en un accidente automovilístico. Mi primera pregunta fue la que le harías a tu ser querido: «¿Cómo te encuentras? ¿Lo estás llevado bien?». Su respuesta estaba arraigada en la fe: «Jesús prometió sacarme adelante en los momentos difíciles. Así que le dije: "Ahora estamos solos tú y yo. Dijiste que cuidarías de mí. Confío en ti"».

¿Ves lo que está haciendo? Ha bloqueado completamente la puerta de su mente. No permite que entren pensamientos invasores. Solo la verdad; solo la fe; solo confianza. El camino no será fácil, pero será transitable. ¿Por qué? Porque ya ha decidido proteger su mente.

Las madres de los mártires egipcios tomaron la misma decisión. En febrero de 2015, el ISIS decapitó a veintiún cristianos en una playa de Libia. En un video se ve a los hombres momentos antes de su ejecución, invocando a Jesús y musitando oraciones. La mayoría de ellos eran obreros inmigrantes que trabajaban en Libia para mantener a sus familias en Egipto.

A primera vista, parecía que el mal había ganado la batalla. ¿Acaso no murieron hombres buenos? ¿No se silenciaron sus voces? ¿Dónde estaba Dios en esta batalla?

Luego leemos lo que sucedió después. Aunque ISIS masacró a los hombres para conmocionar al mundo con terror, la respuesta de sus familias envió un mensaje totalmente diferente. La madre de una de las víctimas, de apenas veinticinco años, afirmó: «Estoy orgullosa de mi hijo, pues mantuvo su fe hasta el último instante de su vida. Doy gracias a Dios. Él está cuidando de mi hijo». La madre de otro de los mártires, de veintinueve años, expuso: «Agradecemos al ISIS, porque ahora más personas creen en el cristianismo gracias a ellos. El ISIS mostró lo que es el cristianismo».[2]

Fíjate en la elección detrás de las palabras. Las mujeres eliminaron los pensamientos de duda y abrazaron la fe. Arrancaron de raíz las malas hierbas de la decepción y, en su lugar, sembraron semillas de esperanza.

¿No podemos hacer nosotros lo mismo? Es posible que no entendamos el razonamiento de Dios, pero ¿no podemos confiar en su carácter? Él es demasiado bueno para permitir errores. Si permite el dolor, es con un propósito superior.

He aquí una idea práctica. Extrae de tu Biblia una lista de las cualidades inmutables de Dios y grábalas en tu corazón. Cuando la calamidad te golpee, recítalas una y otra vez. Mi lista incluye lo siguiente:

Él sigue siendo soberano.
Aún conoce mi nombre.

Los ángeles continúan respondiendo a su llamado.

El corazón de los gobernantes sigue doblegándose a sus órdenes.

La muerte de Jesús sigue salvando almas.

El Espíritu de Dios continúa morando en los santos.

El cielo aún está a solo unos latidos de distancia.

La tumba sigue siendo una morada temporal.

Dios sigue siendo fiel.

Nada lo toma desprevenido.

Utiliza todo para su gloria y mi bien supremo.

Utiliza la tragedia para cumplir su voluntad, y su voluntad es justa, santa y perfecta.

El dolor puede llegar en la noche, pero en la mañana vendrá la alegría.

Dios produce fruto en medio de la aflicción.

Una última consideración. Nadie comprende tu sufrimiento mejor que Jesús. Nuestro Señor sintió todos los dolores de todas las almas heridas.

Una obra de un solo acto titulada *The Long Silence* [El largo silencio] dramatiza una escena en la que la gente cuestiona el derecho de Dios a servir como juez de la humanidad. Presenta a miles de millones de personas sentadas en una gran llanura ante el trono de Dios. La mayoría se echan hacia atrás, mientras que algunos se agolpan al frente, y elevan sus voces cargadas de ira.

«¿Puede Dios juzgarnos? ¿Qué sabe Él del sufrimiento?», se queja una mujer, al mismo tiempo que se rasga una manga para mostrar un número tatuado de un campo de concentración nazi. «Soportamos el terror […] las palizas […] la tortura […] ¡la muerte!».[3]

Otros afligidos expresan sus quejas contra Dios por el mal y el sufrimiento que ha permitido. ¿Qué sabe Dios del llanto, el hambre y el odio? Tiene una vida tranquila y protegida en el cielo, reclaman.

Alguien de Hiroshima, personas nacidas con deformidades, otras asesinadas, envían cada una a un líder. Llegan a la conclusión de que antes de que Dios pueda juzgarlos, debería ser condenado a vivir en la tierra como hombre para soportar el sufrimiento que ellos padecieron. Entonces pronuncian una sentencia:

> *Que nazca judío. Que se dude de la legitimidad de su nacimiento. Que sus amigos íntimos lo traicionen. Que se lo acuse falsamente. Que un jurado con prejuicios lo juzgue y un juez cobarde lo condene. Que lo torturen. Que se quede completamente solo. Luego, ensangrentado y abandonado, que muera.*

Los que se quejan guardan silencio al pronunciarse la sentencia contra Dios. Nadie se mueve, y un peso cae sobre cada rostro.

De repente, todos saben que Dios ya ha cumplido su sentencia.[4]

Así como no me atreví a darle una respuesta trivial a la mujer cuyo esposo murió de ELA, tampoco te la daría a ti. El sufrimiento humano no se trata con frases simplistas o clichés superficiales. Es un dilema del tamaño de un tsunami. Sin embargo, no dejes que te arrastre mar adentro.

Acoge esta verdad en tu corazón: Jesús entiende. Haz lo que hizo Job: aférrate a la soberanía de Dios y no la sueltes nunca. Hazlo con fuerza hasta que sepamos el porqué.

*Es posible que
no entendamos
el razonamiento
de Dios, pero ¿no
podemos confiar
en su carácter?
Él es demasiado
bueno para
permitir errores.*

CUANDO TEMES EL RECHAZO DE DIOS

Es una niña de diez años con ojos brillantes y sonrisa amplia. Le encanta la música, las faldas y el color rosa. Sus padres quieren revocar la adopción.

Según el artículo que leí, la «familia ha cambiado drásticamente su estilo de vida, ha abandonado su fe, y se ha alejado de su círculo familiar para tener una vida tranquila y apartada».

Ella no conoce otro hogar. Ha sido parte de esta familia desde que nació, primero en acogida y luego adoptada legalmente justo antes de su primer cumpleaños. Incluyéndola a ella, son cuatro hijas en total. Las otras tres son hijas biológicas de la pareja.

Sus notas son excelentes. No tiene necesidades especiales. Su actitud es amable. Solo protesta cuando sus hermanas le piden que limpie su habitación. No obstante, sus padres esperan que alguien más se haga cargo de ella.[1]

La historia puede desencadenar varias emociones: decepción, tristeza, deseos de proteger. Puede despertar una sensación de angustia muy arraigada: el rechazo. Todos le tememos al «abandono de quienes alguna vez juraron cuidarnos». Si alguien me conociera de verdad, ¿le caería bien? Si mis amigos se enteraran de mi pasado, si mi cónyuge pudiera leer mis pensamientos, si los que están a mi lado supieran el caos que oculto dentro, ¿cambiarían de opinión sobre mí?

El temor al rechazo se expande como un derrame de petróleo, lo contamina todo con inseguridades y desesperación. Puede convertirnos en perfeccionistas que solo quieren complacer a los demás. Impresionar a nuestro profesor con buenas notas, a nuestros vecinos con la casa limpia, a nuestra iglesia con la sonrisa perfecta y, sobre todo, impresionar a Dios con la vida ideal. ¡Hay que hacer lo que sea para que Dios esté contento! Porque si él decide rechazarnos o abandonarnos…

¿Habrá algo más perturbador que la idea de que mi Creador decida abandonarme o renunciar a mí?

¿Y si te dijera que nunca lo hará? Jamás encontrará algo en tu pasado que lo haga rechazarte. No se arrepiente de haber escogido a sus hijos. ¿Te interesaría saber más?

Abordemos este debate a través de una fábula.

La gente a menudo me pregunta cómo el rey conoció a la prostituta. Con gusto cuento la historia. Al rey le encantaba mezclarse con sus súbditos. En ocasiones, se vestía como un mendigo común y se situaba en el mercado. Nadie jamás lo reconoció. La mayoría de los habitantes del pueblo pasaba de largo, otros lo ridiculizaban o se burlaban de él. De vez en cuando, alguien le echaba una moneda en su gorro.

Así fue como el rey la conoció. La joven prostituta, cuya belleza era notable, vio al rey mendigo y se compadeció de él. Puso una moneda de oro en la mano del vagabundo y le susurró:

—Espero que esto te ayude. Sé bien lo que es pasar hambre.

El rey quedó impresionado. A su regreso al palacio, me llamó a su salón del trono y casi sin aliento por la emoción, exclamó:

—¡Tengo que conocerla! Creo que acabo de encontrar al amor de mi vida.

Jamás lo había oído hablar así. Como su consejero, a menudo lo había instado a que buscara esposa. Era increíblemente apuesto, un joven con medios e influencia. Encontrar candidatas no era ningún reto; lo difícil era despertar su interés. Le rogué que me hablara de la joven.

—Es tan hermosa como la primavera. Su sonrisa invita al sol a salir y hace que las aves canten.

—Continúa.

—Cabello negro como la noche; ojos brillantes como topacios y su rostro perfectamente esculpido como una gema.

Mientras hablaba, me percaté de que conocía a esta joven. ¿Quién no? Todos los hombres del reino la habían visto alguna vez junto al camino y más de uno había considerado pagar por su servicio. Le expliqué al rey quién era.

Mis palabras lo desconcertaron.

—Esto no puede ser verdad. Debes estar equivocado.

Le aseguré que no.

—¿Me estás diciendo que se vende a los hombres? En ese caso, ¡exijo que se le ponga fin a esto de inmediato! ¿Acaso no tenemos una ley que prohíba esta conducta?

—La tenemos.

—Hazla cumplir.

Así lo hicimos. Envié soldados a las calles durante la noche, con autoridad para arrestar y encarcelar a todos los que se involucraban en tal comportamiento. La diligencia funcionó, durante un breve tiempo. Las mujeres cumplieron sus condenas y volvieron rápidamente a las calles. Continuaron haciendo su trabajo a escondidas. ¿Y qué sucedió con la chica que había robado el corazón del rey? Mis patrulleros la veían cada noche mientras hacían sus rondas.

El rey estaba desconsolado. Me envió a hablar con ella para contarle lo que sentía y convencerla de que dejara ese trabajo.

—Después de todo —preguntó—, ¿cómo puede una prostituta ser reina?

La vi parada cerca de la entrada de una taberna. Al acercarme, se apartó. La seguí hasta un callejón. Antes de que pudiera hablar, levantó la mano:

—He cumplido mi condena. No he hecho nada malo, al menos esta noche.

Le aseguré que no quería hacerle daño, que venía de parte del rey, portador no solo de su autoridad, sino de su afecto. Ella soltó una risa burlona y replicó:

—¿El rey se ha fijado en mí?

—Sí.

—¿Sabe quién soy? ¿Qué hago?

—Sí, lo sabe. Sin embargo, ve algo más en ti. Si cambias, quién sabe, puede que te lleve a su castillo.

Se quedó mirándome por un buen rato. La luz de la ventana de la taberna iluminó su rostro, entonces percibí lo que el rey había visto en ella: detrás de los ojos fatigados y el rostro lleno de maquillaje, se encontraba una belleza pura.

—¿Si cambio? —Sus ojos se llenaron de lágrimas—. ¿Si cambio? No puedo cambiar. ¿Crees que no lo he intentado? No puedo—. Dio media vuelta y se fue.

Organicé mis pensamientos y fui directo a hablar con el rey.

Me estaba esperando en la entrada del castillo, ansiaba escuchar buenas noticias. Cuando le conté su respuesta, fue como si un gran peso cayera sobre él. Sacudió la cabeza y por un buen rato se quedó en silencio. Esperé mientras recorría el patio del castillo bajo las antorchas y entre los guardias. Al final, se quedó quieto, absorto en sus pensamientos.

La oscuridad de la noche escondía su expresión, pero me lo imaginaba: triste porque sabía que tenía que dejarla ir. El rey era un hombre práctico. La olvidaría y continuaría con su vida.

Sin embargo, cuando se acercó a mí, no vi tristeza, sino determinación.

—Pídeselo de nuevo. Dile que la aceptaré tal como es. ¿No puede cambiar para convertirse en mi reina? Entonces la haré mi reina para que pueda cambiar.

¿Acaso un rey haría algo así? ¿Elegiría a una prostituta, convencido de que su pacto la cambiaría?

Nuestro Rey lo hizo por nosotros.

DIOS ESTÁ CONTIGO

«Dios puso su amor en juego por nosotros al ofrecer a su Hijo en muerte sacrificial cuando nosotros no le éramos de ninguna utilidad» (Rom. 5:8, MSG).

¿Nos dice él que nos limpiemos para que podamos entrar en su reino? ¡No! Él nos lleva a su reino y entonces comienza a limpiarnos.

¡Cuánto necesitamos entender esto! ¿Candidatos para la corte del rey? Difícilmente. Somos inestables en nuestra obediencia, inconstantes en nuestra fe. Un día queremos cambiar el mundo; al siguiente, el mundo nos cambia a nosotros. Estamos llenos de altibajos; hoy bien y mañana mal.

La figura 1 ilustra nuestra naturaleza cambiante, cuyas fluctuaciones son como una cadena montañosa.

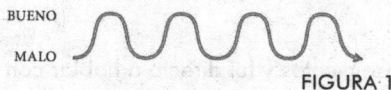

BUENO

MALO

FIGURA 1

El sentido común traza la línea de lo que se considera un comportamiento aceptable, en medio de todos esos altibajos. (Ver la figura 2)

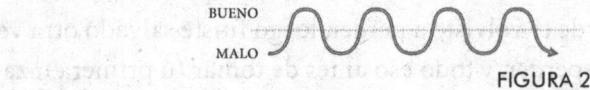

BUENO

MALO

FIGURA 2

Hazlo bien y considérate a salvo; pero si no rindes, recoge tus cosas. Estás fuera. Lo único que puedes esperar es que, si tienes suerte, te alcance la muerte mientras todavía estás en ascenso.

Este podría ser el «dios» que la gente sigue cuando confía solo en el sentido común. Sin embargo, este no es el Dios de la Biblia. Él también traza una línea, pero esa línea aparece siempre por debajo de nuestra montaña rusa de fe. (Ver la figura 3).

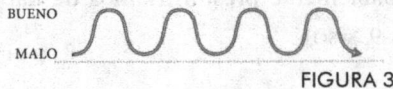

BUENO

MALO

FIGURA 3

Dios sostiene nuestras vidas con su gracia. Seguiremos teniendo errores y tropiezos, pero no por eso seremos desechados.

«Por su Espíritu nos ha sellado con su promesa eterna; un comienzo seguro de lo que él va a terminar» (2 Cor. 1:22, MSG). El sello declara propiedad. Dios ha tatuado su nombre en nuestros corazones. Ante la proclamación de Dios, Satanás y sus demonios tienen que huir.

«Les aseguro que el que oye mi palabra y cree al que me envió tiene vida eterna y no será juzgado, sino que ha pasado de la muerte a la vida» (Juan 5:24, NVI). Tu pasado quedó atrás para siempre.

La salvación no es un yo-yo, ni un salto en cuerda elástica. No es subir y luego bajar. Nadie en la Biblia fue salvo y luego se perdió varias veces en una vida. La salvación es un regalo, no un salario; el legalismo es un salario, no un regalo.

El legalismo no es hacer buenas obras, sino hacer obras para intentar ganar la salvación.

¿Eres un cristiano legalista? Lo eres si:

- crees que el amor de Dios aumenta a la par que tus obras.
- piensas que tu bondad te hace bueno a los ojos de Dios.
- piensas que fuiste salvo, luego te perdiste, después volviste a ser salvo, más tarde te volviste a perder, luego fuiste salvado otra vez, y te volviste a perder, y todo eso antes de tomar tu primera taza de café matutino.
- estás siempre cansado.

¿Eres un cristiano legalista? Si es así, memoriza este pasaje.

La salvación es idea y obra suya. Lo único que tenemos que hacer es confiar en él lo suficiente como para dejarlo obrar. ¡Es un regalo de Dios de principio a fin! No desempeñamos el papel principal. Si lo hiciéramos, probablemente presumiríamos de haberlo hecho todo nosotros. (Ef. 2:8-9, MSG)

Deja de esforzarte y empieza a confiar. Escucha de nuevo su invitación: «Venid a mí todos los que estáis trabajados y cargados, y yo os haré descansar. Llevad mi yugo sobre vosotros, y aprended de mí, que soy manso y humilde de corazón; y hallaréis descanso para vuestras almas; porque mi yugo es fácil, y ligera mi carga» (Mat. 11:28-30, RVR1960).

¿Te sorprende encontrar en este libro un debate sobre la seguridad eterna? Puede que sí. Las listas de pensamientos nocivos suelen incluir temas como la preocupación, la culpa, la falta de perdón y la ira. La inseguridad con respecto a la salvación debería estar incluida en esa lista. La salvación yo-yo crea un espíritu inquieto y ansioso. Como pastor, conozco bien las consecuencias de nuestros intentos de salvarnos a nosotros mismos.

- **Mentira:** El amor de Dios es condicional.
- **Narración falsa:** La salvación es el resultado de nuestro desempeño.
- **Reacción exagerada:** Inseguridad (nunca logro hacer lo

suficiente) o superioridad (me puedo salvar a mí mismo, ¡muchas gracias!).

Si pudiera sembrar un pensamiento en tu mente, sería este: la relación de Dios contigo no depende de la constancia o firmeza de tu fe. Si pasas esto por alto, pierdes el gozo. Si lo ignoras, no tendrás paz. Si no lo recibes, te privas de la revelación más maravillosa: ¡Dios está contigo!

«¿Acaso hay algo que pueda separarnos del amor de Cristo?» (Rom. 8:35, NTV). Esta pregunta, para muchos, es la gran interrogante de sus vidas. Gracias, Pablo, por plantearla.

Él insiste en la cuestión. «¿Será que él ya no nos ama si tenemos problemas o aflicciones, si somos perseguidos o pasamos hambre o estamos en la miseria o en peligro o bajo amenaza de muerte?» (v. 35, NTV). Pablo reúne a los adversarios como si fueran un grupo de matones, se deshace de ellos uno a uno: «Ni los problemas, ni los tiempos difíciles, ni el odio, ni el hambre, ni la falta de hogar, ni las amenazas de intimidación, ni las puñaladas por la espalda, ni siquiera los peores pecados que se enumeran en la Escritura» (v. 35, MSG). Nadie puede separarnos del amor de Dios. «Claro que no, a pesar de todas estas cosas, nuestra victoria es absoluta por medio de Cristo, quien nos amó» (v. 37, NTV).

¡Pablo está convencido de esto! Me lo imagino levantando un puño en señal de victoria mientras dicta la siguiente frase: «Y estoy convencido de que nada podrá jamás separarnos del amor de Dios» (v. 38, NTV). Utiliza el tiempo perfecto, lo que implica: «Me he convencido y sigo convencido». No se trata de una idea pasajera ni de un pensamiento superficial, sino de una convicción profundamente arraigada. Pablo estaba seguro.

¿Lo estás tú?

Cuando Dios escribió tu nombre en el libro de la vida, no lo hizo con un lápiz. Utilizó un marcador permanente. Tropezarás, pero no caerás. Tu fuego languidecerá, pero no se extinguirá. Como expuso Agustín: «No es que primero guardamos sus mandamientos, y entonces él nos ama; sino que él nos ama, y por eso guardamos sus mandamientos».[2]

«Nada podrá jamás separarnos del amor de Dios» (Rom. 8:38, NTV).

Piensa en lo que significan esas palabras. Puedes estar separado de tu cónyuge, de tus padres, de tus hijos, incluso de tu cabello, pero no estás separado del amor de Dios, y nunca lo estarás. Jamás.

Somos «guardados por Jesucristo» (Jud. v. 1) y «guardados por el poder de Dios» (1 Ped. 1:5, RVR1960); y ese poder no es inestable. Es el poder de un Salvador vivo y que nunca se rinde, Jesús, quien declaró: «Les doy vida eterna, y nunca perecerán. Nadie puede quitármelas» (Juan 10:28, NTV).

Dios puede «guardarlos sin caída y presentarlos sin mancha delante de su gloria con gran alegría» (Jud. v. 24). Si puede guardarnos, ¿no lo hará?

Cuando llega la gracia, también llega la seguridad, la confianza, la estabilidad y la eternidad. Dios nos afianza, nos hace firmes como una roca o un árbol gigante. Y no es porque nosotros seamos tan fuertes, sino porque él lo es.

Necesitamos esta seguridad. La tentación nos asedia a cada paso. Vivimos en un campo de batalla enemigo. Satanás merodea y confabula, tiende trampas y crea problemas. «Este mundo —escribió Charles Spurgeon—, no es amigo de la gracia».[3] Si Dios no nos sostiene, ¿qué esperanza tenemos?

Sin embargo, Él nos *sostendrá*. La salvación es obra suya de principio a fin. «Por tanto, reconoce que el SEÑOR tu Dios es el único Dios, el Dios fiel, que cumple su pacto por mil generaciones y muestra su fiel amor a quienes lo aman y obedecen sus mandamientos» (Deut. 7:9).

Pablo creyó esto. En la última carta que escribió, probablemente en las semanas finales de su vida, afirmó su confianza en la fuerza de Dios:

En mi primera defensa ninguno estuvo a mi lado, sino que todos me desampararon; no les sea tomado en cuenta. Pero el Señor estuvo a mi lado, y me dio fuerzas, para que por mí fuese cumplida la predicación, y que todos los gentiles oyesen. Así fui librado de la boca del león. Y el Señor me librará de toda obra mala, y me preservará para su reino celestial. A él sea gloria por los siglos de los siglos. Amén. (2 Tim. 4:16-18, RVR1960)

¿Puedes ver en esos versículos el esfuerzo intencional de Pablo por reemplazar sus pensamientos? Comenzó deteniéndose en el dolor del presente: «... ninguno estuvo a mi lado, sino que todos me desampararon». Sin embargo, no permitió que su mente se hundiera en la tristeza. *Desarraigó* sus sentimientos de rechazo y *plantó* en su lugar la realidad del amor y la provisión de Dios. «El Señor me librará de toda obra mala». Al considerar el pasado, Pablo encontró fe para el futuro.

¿No podemos hacer nosotros la misma declaración? Seguro que vendrán ataques. Sin embargo, estos ataques resultarán inútiles. ¿No se ha comprometido Jesús a mediar por nosotros y a defendernos? ¿No ha declarado nuestra salvación como un *hecho consumado*? «... y vosotros estáis completos en él, que es la cabeza de todo principado y potestad» (Col. 2:10, RVR1960). La palabra *completos* conlleva la idea de madurez, de que no falta nada, de que es suficiente, de que está establecido.

> El cristiano sabe que, en última instancia, es el Espíritu Santo quien gana la victoria por nosotros, a veces incluso contra nuestros propios esfuerzos. Estamos llamados a avanzar hacia la meta, pero desde la perspectiva de Dios somos llevados hacia ella por el Espíritu [...]. El Espíritu de Dios completa y corona nuestros inservibles esfuerzos y, de hecho, los hace posibles.[4]

SIN EMBARGO...

¿Podría alguien aprovecharse de esta seguridad? Al saber que Dios los sostendrá si caen, ¿podrían caer a propósito? Sí, por un tiempo. No obstante, a medida que la gracia profundiza, a medida que el amor y la bondad de Dios calan hondo, cambiarán. La gracia fomenta la obediencia voluntaria.

Durante mi adolescencia no fui un hijo modelo. Mis amigos y yo nos volvimos expertos en las cervezas de Adolph Coors y la familia Busch de San Luis. Sabía que estaba mal y me habían educado para comportarme mejor, pero era rebelde. Desobedecía a mis padres.

Por eso, me sorprendió que, a los diecisiete años, mis padres me confiaran la casa durante un fin de semana. Papá me dijo que él y mamá iban a salir de la ciudad. La casa quedaría a mi cargo.

Mi pensamiento inmediato fue: *¡fiesta!* Me imaginé amigos, música a todo volumen y un montón de gente divirtiéndose y haciendo ruido. Sin embargo, a medida que la escena se desarrollaba en mi mente, mi corazón empezó a cambiar. Sabía lo que mis amigos le harían a nuestra casa: la destrozarían. Me los imaginaba saltando sobre el sofá y conduciendo sus camionetas por el jardín. Mis padres trabajaban duro para ganarse la vida: mi papá era operador de tuberías en los campos petroleros, mi mamá era enfermera en el hospital. Habían ahorrado dinero para comprar nuestra modesta vivienda, y la dejaron a mi cargo.

Su fe en mí me cambió. Resulta que nunca les hablé a mis amigos de la casa disponible. No organicé ninguna fiesta. La bondad de mi padre me convenció de hacer lo que era bueno, no lo malo.

Esto sucede cuando la gracia toca nuestras vidas. «Porque la gracia de Dios se ha manifestado para salvación a todos los hombres, enseñándonos que, renunciando a la impiedad y a los deseos mundanos, vivamos en este siglo sobria, justa y piadosamente» (Tito 2:11-12, RVR1960). Recibir la gracia de la manera correcta nos impulsa a buscar la santidad con todo nuestro corazón.

Después de todo, Dios dio la vida de su Hijo por ti. Te dio un nombre nuevo, un nuevo hogar, una nueva identidad. Te hizo parte de la familia real para toda la eternidad. Hablando de la familia real, ¿terminamos la fábula?

El rey se casó con la prostituta como había planeado. La llevó al castillo y la trató con amor y respeto.

Tal como había prometido, ella empezó a cambiar. Conforme pasaban los días, dejaba atrás esa vida en las calles y se iba convirtiendo en una verdadera dama de la corte. Ya no la definía su oscuro pasado, ahora vivía rodeada del amor y la seguridad del rey. Comenzó a reír y a cantar. Aprendió a tratar a los demás con la misma bondad que el rey le había mostrado. Ya nadie: ni los guardias ni los cocineros ni los mozos de cuadra ni las criadas ni los cortesanos, la veían como antes. Vestida con ropas reales, había asumido el corazón del rey que ahora tanto amaba.

Un día me atreví a preguntarle si alguna vez había pensado en volver a su antigua vida.

—¿Cómo podría? —me respondió sonriendo—. Ahora soy una reina.

No cambió para ser reina, sino porque lo era.

Nosotros haremos lo mismo. A medida que la gracia de Dios obre en nosotros, iremos cambiando. Continuaremos enfrentando desafíos y cometiendo errores; no obstante, sabremos que Cristo nos sostiene con firmeza y que su promesa nunca falla.

Satanás quiere mantenerte atrapado en la sombra de la duda. Ahora sabes que no puede; no tiene poder. Dile que se vaya; no le des espacio ni en tu mente ni en tu corazón. Si empiezas a cuestionar el pacto de Dios contigo, reprime esa idea de inmediato, arranca de raíz el miedo y vuelve a plantar la fe.

Tenemos su palabra: él nunca nos abandonará.

DOCE

CUANDO NO PUEDES ALCANZAR LA SATISFACCIÓN

Ojalá hubieras conocido a nuestra Molly. Como es característico de los golden retriever, era la mejor amiga de todos. Cada vez que veía a alguien su cola se movía, y todo en ella anunciaba: «¡Seamos amigos!». Te habría encantado.

Ella te hubiera adorado, sobre todo si le dabas una galleta. ¡Vivía por ellas! ¿Quieres que se siente? Ofrécele una galleta. ¿Quieres que traiga un palo lanzado? Dale una galleta. ¿Es hora de que salga de la casa? Lanza una galleta al césped y mira cómo va tras ella. Nunca se cansaba de las galletas.

Mientras le dieras no paraba de comer.

Un día puse a prueba su límite. Después de comerse un cuenco de comida para perros, le di una golosina. Se la comió. Le ofrecí otra. La engulló. Una tercera. Se la comió. Una cuarta, una quinta, una docena. Se las tragó todas. Le llené el plato de galletas; las inhaló. Era una aspiradora potente.

Seguramente, a la larga se saciará, pensé. Me equivoqué. Luego de treinta galletas, seguía jadeando por más. Desistí de dárselas antes de que ella desistiera de quererlas. Su apetito era insaciable. Siempre quería más.

Ojalá yo no me pareciera tanto a Molly.

Puedo afirmar con honestidad que nunca he ambicionado una galleta para perro. Sin embargo, ¿qué tal en cuanto a otros deseos? Se me ha caído la baba mirando autos nuevos con el mío en perfecto estado. He comprado un traje nuevo cuando tenía otros en mi armario que apenas había usado. Mi computadora portátil hace todo lo que necesito. Entonces, ¿por qué considero seriamente actualizar mi equipo? ¿Por qué siempre quiero más?

Ojalá nuestros anhelos se limitaran a las compras. Podemos ser igual de insaciables cuando se trata de:

- **Popularidad:** ¿Cómo puedo atraer a más seguidores en las redes sociales?
- **Poder:** Merezco más control.
- **Entretenimiento:** Solo tengo que conseguir el nuevo videojuego.

Echemos la culpa de nuestros apetitos a la dopamina, la «sustancia química de la felicidad». Tenemos unos 86 000 millones de neuronas en el cerebro, que constantemente crean circuitos para recompensar el comportamiento, y liberan dopamina.

Por ejemplo, consideremos el caso de la señora de setenta años que no podía dejar de comprar conejos.[1] Su marido dijo a los médicos que ella iba todos los días al mercado y volvía a casa con otro amiguito saltarín. La compra se convertía para ella en un ciclo de remordimiento y pesar… hasta el día siguiente que compraba otro conejo.

¿Por qué esa obsesión? Le habían diagnosticado la enfermedad de Parkinson, cuya causa, según los científicos, es la falta de dopamina en algunas partes del cerebro. Un nuevo conejo le producía una sacudida de gozo. ¿Y quién puede resistirse a una sacudida de gozo?

En su libro *Hábitos atómicos*, James Clear señala que todos los comportamientos que crean hábito (fumar, comprar, comer, practicar sexo) están asociados con niveles más altos de dopamina. Nuestro cerebro libera esta sustancia química no solo cuando experimentamos el comportamiento, sino también cuando lo anticipamos. Clear escribió: «Los adictos a las apuestas tienen una descarga de dopamina justo *antes* de hacer una apuesta, no después de que ganan. Los adictos a la cocaína obtienen una dosis de dopamina cuando *ven* la sustancia, no después de que la ingieren. […] Es la anticipación de la recompensa, no su obtención, lo que hace que nos pongamos en acción».[2]

Los publicistas lo entienden. Nos abordan desde todas partes. Anuncios. Ventanas emergentes. Correos electrónicos. Mensajes de texto.

A menos que vivas en una cueva, todos los días te caerá un diluvio de mensajes: Cómprame. Bébeme. Cómeme. Llévame puesto.

Mientras conducía por una importante interestatal, decidí poner a prueba esta teoría. ¿Cuántos anuncios vería en sesenta segundos? Aparecían en vallas publicitarias, en camiones y en señales de carretera. ¿El total? Once. Si extrapolamos esa cifra a la duración de mi viaje, estuve expuesto a casi dos mil mensajes. Estos me decían que contratara a un nuevo abogado, que comiera una parrillada, que echara gasolina al auto, y que votara por fulanito o menganito.

Nuestros antepasados no tuvieron que soportar este azote de mercadotecnia. En verdad enfrentaron muchas amenazas mientras cruzaban la pradera en grandes carretas, pero los publicistas no eran una de ellas.

Sin embargo, nosotros sí. Nos sentimos identificados con los Rolling Stones cuando nos dicen: «No puedo alcanzar la satisfacción». Por tanto, cualquier debate sobre el control de nuestros pensamientos debe incluir un capítulo sobre el control de nuestros antojos.

Jesús quiere que sepamos la verdad. «La vida no se define por lo que tienen, incluso si tienen mucho» (Luc. 12:15, MSG).

La codicia engendra infelicidad.

Seamos claros, Jesús no está en contra de las cosas; ni en contra de los conejitos. Sin embargo, sí nos insta a ser precavidos si pensamos que el consumo producirá contentamiento.

Si te defines por las cosas que posees, te sentirás bien cuando tengas muchas, y te sentirás fatal cuando no las tengas. No hay vida en las cosas; la vida abundante se encuentra en Cristo.

A modo de ejemplo A, te invito a reflexionar sobre la vida de dos hombres; ambos destinados a moldear el mundo. Ambos impulsarían las velas de la sociedad; y, durante un tiempo, en la séptima década del siglo I, estos hombres vivieron en la misma ciudad.

Uno vivía en un palacio romano, el otro en

> Si te defines por las cosas que posees, te sentirás bien cuando tengas muchas, y te sentirás fatal cuando no las tengas.

una prisión romana. La pregunta era: ¿Quién estaba en qué lugar? Uno pensaría que la respuesta sería obvia. ¿No sería fácil diferenciar entre el que moraba en el palacio y el prisionero? Analiza sus historias y piensa qué te parecen.

NUNCA CONTENTO

En el año 54 d. C., y no por sus propios méritos, Nerón se convirtió en emperador de Roma. Tenía dieciséis años, era consentido, arbitrario y autoindulgente, y todo lo aprendió de su madre, Agripina.[3]

Esta fue la quinta esposa del rey Claudio, cuyo hijo, Británico, era el heredero legítimo al trono; no obstante, Agripina tenía otros planes. Esparció veneno en los champiñones que Claudio comería, y aquella fue su última cena. Con él fuera del camino, Agripina y Nerón podían salirse con la suya. Y así sucedió. Ahora Nerón tenía la corona, y su madre tenía el oído del joven monarca.

Las monedas romanas portaban la imagen de Nerón en una cara y la de Agripina en la otra. Ambos estaban satisfechos con el arreglo, hasta que el emperador resolvió que no le gustaba la influencia de mamá, por lo que decidió seguir los pasos de su madre y asesinarla. Hizo aparejar su barco para que muriera en el mar, pero ella sobrevivió. Entonces optó por una estrategia más sencilla. Los asesinos atacaron a Agripina en su villa, y esta vez no pudo escapar.

Los ojos de Nerón se posaron sobre Popea Sabina. Mujer excéntrica y hermosa; única en Roma, pues poseía lo insólito en el mundo romano: cabello rubio natural. Tenía una piel blanca y sedosa que, según la leyenda, trataba con baños diarios en leche de burra.[4] Por ese único motivo tenía cuatrocientas burras en su propiedad. Las sirvientas la secaban con plumón de cisne y le masajeaban las manos con mucosa de cocodrilo.

Algo en la leche y las mucosas despertó la testosterona de Nerón, que decidió tomar aquellas suaves manos en matrimonio. Sin embargo, el problema era que ya estaba casado. A la edad de quince años, fue prometido a su hermanastra adoptiva, Claudia Octavia. A los veinticuatro años, Nerón se divorció de ella con la excusa de que no le había dado hijos; la desterró y se casó con Popea, recién embarazada.

Con su primera esposa fuera del camino y Popea a su lado, Nerón ahora podía ser lo que quería. Sin embargo, lo que él deseaba, nadie lo sabía. Algunos días quería ser artista; otros días arpista. Su poesía era perdonable y su voz sufrible, pero no tenía éxito en ninguna de las dos cosas.

Organizaba celebraciones fastuosas y se invitaba a sí mismo a amenizarlas. Se llevaba a sí mismo de gira y exigía que la gente asistiera a sus conciertos; y como nadie podía marcharse, durante sus presentaciones nacieron bebés. Algunos fingían haber muerto para que los sacaran.

Era conocido por sus comidas desmesuradas, sus deseos exóticos y sus banquetes extravagantes donde solo en flores se podía gastar el equivalente actual de 11 millones de dólares.[5] «Solo los avaros cuentan sus gastos», presumía; según se dice. También se cuenta que nunca usó dos veces la misma prenda. Recorría los burdeles por la noche, en busca de emociones sexuales como un perro busca un hueso. No había comida, bebida, fiesta o seducción que le satisficiera.

Una palabra describe su motivación: *más*.

A los veinticinco años, Nerón se deificó a sí mismo. Erigió un coloso de unos 37 metros (120 pies) en su honor. La figura de la estatua era hermosa, con una aureola de rayos solares. Nada más lejos de la verdad. Nerón fue descrito como «un degenerado con panza hinchada, miembros débiles y delgados, cara rechoncha, piel manchada, pelo crespo y ojos grises apagados».

El 18 de julio del año 64 se produjo un incendio que devastó Roma. Contrariamente a la leyenda popular, Nerón no tocó el violín mientras Roma ardía; aunque sí le echó la culpa del incendio a un floreciente grupo llamado cristianos. Hizo matar a muchos con una crueldad intensa; algunos crucificados, otros quemados vivos.

No obstante, el chivo expiatorio le trajo consecuencias negativas a Nerón, pues la sociedad se puso del lado de los cristianos y en su contra.

A los veintinueve años, el emperador estaba solo y paranoico. Todos sus allegados habían sido asesinados. Su segunda esposa había matado a su primera esposa; y su segunda esposa, la bella Popea Sabina, murió, según algunas fuentes, de una patada de Nerón en su vientre embarazado.

Su último cónyuge fue un varón y sus últimas horas las pasó escondido en el aposento de un criado. Roma estaba cansada del excéntrico Nerón y el joven emperador temía por su vida. Con la ayuda de un asistente, tomó veneno, y al morir pronunció las palabras: «¡Qué gran artista muere conmigo!».[6]

Nerón murió solo.

Deificado, pero solo.

Rico, pero solo.

Poderoso, pero solo.

Al final, lo tuvo todo menos felicidad.

El emperador nunca tuvo contentamiento. Por otro lado, el apóstol Pablo siempre lo tuvo.

SIEMPRE CONTENTO

En el momento exacto en que Nerón se daba todo tipo de gustos, Pablo estaba encadenado. Mientras Nerón era escandalosamente rico, Pablo era completamente pobre. No tenía riquezas.

Apenas tenía salud. Con el doble de edad que Nerón, su agotado cuerpo llevaba las marcas de azotes, naufragios y enfermedades. Hablaba de un aguijón en la carne y se quejaba de la fragilidad de sus ojos. Su salud se debilitaba.

La obra de su vida estaba en peligro. Los cristianos de Galacia estaban desertando. Los cristianos de la iglesia en Corinto peleaban entre sí. La iglesia de Éfeso estaba en problemas. La iglesia romana necesitaba ánimo.

Eran tiempos difíciles para Pablo. Monedero vacío. Salud precaria. Iglesias asediadas. Y en medio de todo, va a parar a la cárcel. El viejo apóstol estaba lejos de saber elegir el momento oportuno.

Y entonces tenemos el contraste. Nerón, en lo alto de la mansión del emperador. Pablo, abajo, en el atestado distrito de la gente común. El manto de la vejez cuelga de sus hombros. Su barbilla se alarga cual tela gastada, y la cadena romana descansa a sus pies como un perro cansado. Pablo está al final de la fila, al final de una larga fila.

No obstante, dale media oportunidad y verás cómo brillan sus ojos. Te contará la historia de las historias. Hablará de la luz que lo dejó ciego y de la voz que le dejó sin habla.

«Saulo, Saulo», le dijo Jesús (Hech. 9:4).

Así como Abraham fue llamado a caminar por fe, así como Moisés fue llamado a liberar a los esclavos, Saulo fue llamado a hacer ambas cosas.

Aproximadamente al mismo tiempo que Nerón nacía en Roma, Saulo nacía de nuevo en Damasco. Jesús cambió el nombre de Saulo por el de Pablo, y ni Pablo ni el mundo volverían a ser los mismos.

Incansable. Con una meta clara. Inquebrantablemente fiel. Recorrió de un lado a otro el mundo oriental cosiendo tiendas, predicando a Cristo y fundando iglesias. Era enérgico, brillante, y no se rendía. Como no se rendía, la iglesia le temía antes de amarlo, y durmió en más cárceles que posadas. Sin embargo, a Pablo no le importaba. El sufrimiento era tolerable porque tenía lo único que importaba. Tenía al Señor.

Él, el pecador, había conocido a Cristo, el Salvador; y el pecador nunca se callaría. Lo ponían en una sinagoga y predicaba. Lo ponían en un barco y daba testimonio. Lo metían en la cárcel y escribía.

Si fueras ciudadano romano en el año 61 o 62 d. C., y alguien te diera a elegir, ¿preferirías ser emperador o apóstol? ¿Estar en el palacio o en la cárcel?

Pregúntaselo a Pablo; y te respondería muy pronto.

Quizás no tenga piso de mármol, pero tengo fe en Dios.

«Además, mis amados hermanos, quiero que sepan que todo lo que me ha sucedido en este lugar ha servido para difundir la Buena Noticia. Pues cada persona de aquí —incluida toda la guardia del palacio— sabe que estoy encadenado por causa de Cristo» (Fil. 1:12-13, NTV).

Quizás no tenga salud, pero tengo vida eterna.

«En realidad, no sé qué es mejor, y me cuesta mucho trabajo elegir. En caso de seguir con vida, puedo serle útil a Dios aquí en la tierra; pero si muero, iré a reunirme con Jesucristo, lo cual es mil veces mejor. Pero yo sé que ustedes me necesitan vivo» (Fil. 1:22-24, TLA).

Quizás no duerma en sábanas de seda, pero duermo con la conciencia limpia.

«Y quiero que Dios me acepte, no por haber obedecido la ley, sino por confiar en Cristo, pues así es como Dios quiere aceptarnos» (Fil. 3:9, TLA).

Mi bolsa puede estar vacía, pero la de mi Padre no.

«No lo digo porque tenga escasez, pues he aprendido a contentarme, cualquiera que sea mi situación. Sé vivir humildemente, y sé tener abundancia; en todo y por todo estoy enseñado, así para estar saciado como para tener hambre, así para tener abundancia como para padecer necesidad. Todo lo puedo en Cristo que me fortalece» (Fil. 4:11-13, RVR1960).

Pablo aprendió un secreto: el secreto del contentamiento. Si tenía mucho, estaba feliz. Si tenía poco, estaba feliz. ¿Cuál era su secreto? Jesucristo. Al tener a Cristo, tenía todo lo que necesitaba. El contentamiento no dependía de las cosas; dependía de Cristo.

Thomas Schmidt cuenta sobre una señora mayor que conoció en un hogar de ancianos. Mabel tenía ochenta y nueve años, estaba ciega y casi sorda. Había vivido allí durante veinticinco años y ahora estaba sentada y atada en una silla de ruedas. El cáncer que le carcomía el rostro le había desplazado la nariz hacia un lado, le había sacado un ojo y deformado la mandíbula, por lo que se babeaba constantemente.

Schmidt le dio una flor a Mabel y le dijo:

—Feliz Día de las Madres.

Ella intentó olerla.

—Gracias —expresó, con palabras confusas—. Es preciosa; pero ya que estoy ciega, ¿puedo dársela a otra persona?

Cuando Schmidt la trasladó en su silla de ruedas hasta otra residente, ella le tendió la flor y dijo:

—Toma, es de parte de Jesús.

Schmidt le preguntó:

—Mabel, ¿en qué piensa usted cuando está acostada en su habitación?

—Pienso en mi Jesús.

—¿Qué piensa en cuanto a Jesús?

Mientras ella hablaba lenta y pausadamente, él anotaba sus palabras:

—Pienso en lo bueno que ha sido conmigo. Ha sido inmensamente bueno… Yo soy de las que están muy satisfechas. Prefiero tener a Jesús. Él es todo mi mundo.

Entonces Mabel empezó a cantar:

—Jesús es todo mi mundo, mi vida, mi gozo, mi todo. Él es mi fuerza día a día.

Sobre esta mujer postrada en cama, ciega, casi sorda, con un cáncer que la carcomía desde hacía veinticinco años, Schmidt expresó: «Los segundos pasaban lentamente y los minutos se alargaban de forma interminable, y lo mismo ocurría con los días, y las semanas, y los meses, y los años de dolor; sin compañía humana, y sin una explicación de por qué le ocurría todo aquello; y ahí la tenías a ella, cantando himnos. ¿Cómo podía hacerlo?[7]

Encontró contentamiento en Cristo.

Contentamiento. Es la señal de un pensador sano, y podemos ver el fruto del pensamiento sano en las tres herramientas de nuestro kit de herramientas mentales.

Ten un pensamiento selectivo (prevención de pensamientos). No permitas que un período de descontento gobierne tu corazón. ¿Te asaltan pensamientos de avaricia? ¡Deséchalos! Niégate a pensar obsesivamente en todo lo que no tienes.

Identifica las mentiras (reorientación de pensamientos). Vigila de cerca las narraciones falsas como: *Ya que no tengo lo que ellos tienen, no puedo ser tan feliz como ellos.*

Arranca de raíz y vuelve a plantar (eliminación de pensamientos). Desarraiga las malas hierbas del descontento dondequiera que intenten crecer. En lugar de estas, siembra la verdad: *Como Dios ha sido fiel hasta ahora, confío en que será fiel en lo por venir.*

¿CONOCES EL SECRETO?

Piensa en la casa que tienes, el auto que conduces y el dinero que has ahorrado. Piensa en las joyas que has heredado, en las acciones que has negociado y en la ropa que has comprado. Ahora que tienes todas estas posesiones en mente, ¿puedo recordarte un par de verdades bíblicas?

No podrás quedarte con nada.

«Como salió del vientre de su madre, desnudo, así vuelve, yéndose tal como vino; y nada tiene de su trabajo para llevar en su mano» (Ecl. 5:15, RVR1960).

Homer, el paleto, fue invitado a casa de un acaudalado ranchero. Homer no era demasiado sofisticado; sin embargo, intentó parecer impresionado por los cuadros, las esculturas y el mobiliario. El rico ranchero declaró con orgullo: «Algunos de mis muebles se remontan a Luis XIV».

«Sé lo que se siente —replicó Homer, y en un intento por parecer muy refinado, dijo—, nuestro sofá se remontará a la tienda de muebles el quince».

Con el paso del tiempo, todo se «remonta», es decir, regresa. Pregúntale al director de la funeraria. Los ataúdes no tienen cajas de seguridad.

¿Sabes qué más sucede con todas esas cosas? *Nunca las tuviste.* No eres dueño de nada. Solo eres administrador de lo que Dios te ha dado.

Un angustiado hombre llegó corriendo donde el famoso evangelista británico John Wesley, y exclamó: «Señor Wesley, señor Wesley, algo terrible ha sucedido. Su casa se quemó hasta los cimientos». Tras sopesar la noticia por un momento, Wesley respondió: «No, la casa del Señor se quemó hasta los cimientos. Eso significa una responsabilidad menos para mí».[8]

Ojalá aprendiéramos lo mismo. Todo es de Dios. «De Jehová es la tierra y su plenitud; El mundo, y los que en él habitan» (Sal. 24:1, RVR1960).

Somos administradores de los tesoros de Dios.

Cuídate del espíritu egoísta.

En cierta ocasión había un ejecutivo que pasaba todos los días por el puesto de un vendedor ambulante, quien se hallaba detrás de una mesa de cordones de zapatos, que vendía a diez centavos el juego. Cada día, el ejecutivo depositaba diez centavos en la caja del vendedor ambulante. Nunca se llevaba los cordones, pero siempre daba diez centavos. Un día, luego de dejar caer su moneda de diez centavos en la caja, el vendedor lo detuvo y le dijo: «Señor, ahora los cordones valen 15 centavos».

La persona que siempre quiere más acaba disfrutando menos de la vida. Responde a tus antojos con un espíritu de contentamiento. En lugar de comprar cosas para disfrutar, elige disfrutar las cosas que ya tienes.

Por lo general, Suecia se mantiene entre los primeros puestos en el Índice Mundial de Felicidad. La razón de su nivel de alegría tiene algo que ver con la palabra *lagom* (que se pronuncia la-gum), y que se puede traducir más o menos como «justo lo suficiente». Significa «ni mucho ni poco», «justo la medida adecuada».

Pregunta a un sueco: «¿Cómo va tu día?».

Tal vez te responda: «Lagom».

Pregúntale a otro: «¿Cómo está el clima?».

«Lagom».

No es una maravilla, pero tampoco está terrible. No es espectacular, pero tampoco deprimente. Es «lagom».

¿Te vendría bien un poco de «lagom»?

Arranquemos de raíz y volvamos a plantar.

> *Arranca de raíz:* «¡Debo tener más!». *Vuelve a plantar con:* «Sean vuestras costumbres sin avaricia, contentos con lo que tenéis ahora; porque él dijo: No te desampararé, ni te dejaré» (Heb. 13:5, RVR1960).

> *Arranca de raíz:* «Mi valor se mide por mis posesiones». *Vuelve a plantar con:* «Así que, teniendo sustento y abrigo, estemos contentos con esto» (1 Tim. 6:8, RVR1960).

> *Arranca de raíz:* «No tengo nada». *Vuelve a plantar con:* «El Señor es mi pastor, nada me falta» (Sal. 23:1).

Disfruta de la vida con moderación. No comas, ni gastes, ni trabajes, ni vacaciones en exceso. Solo lo suficiente, no demasiado. Deshazte de algunas cosas. Las personas con hogares sencillos tienen niveles más altos de cortisol, lo que produce contentamiento.[9]

Además, ¿realmente necesitamos todas esas galletas para perros? Sé un dador, no un acaparador. Que te conozcan por dar, no por acumular. «Ustedes serán enriquecidos en todo sentido para que en toda ocasión puedan ser generosos» (2 Cor. 9:11).

Seamos menos como Nerón y más como Pablo. No hace falta ir muy lejos para ver muestras del bien que hizo Pablo. Sin embargo, tendrías que buscar largo y tendido para encontrar una catedral de San Nerón.

No pasa un día sin que miles de personas reciban enseñanzas a partir de la vida de Pablo, y no pasa un día sin que un alumno levante la mano en las clases de historia y pregunte: «¿Quién era ese tal Nerón?».

Todos conocemos a personas que se llaman Pablo; ¿tienes algún amigo que se llame Nerón?

Si pudieras escoger, si te ofrecieran un palacio sin Cristo o una prisión con Cristo, ¿qué escogerías?

O, mejor dicho, ¿qué estás escogiendo? ¿Pones tu valor en lo que vistes, bebes, conduces o en tus ingresos? Es posible que haya más de Nerón en nosotros de lo que nos gustaría admitir.

Es demasiado tarde para Nerón. Nosotros aún podemos cambiar.

Si tienes todo menos a Jesús, no tienes vida.

No obstante, si no tienes nada más que a Jesús, tienes toda la vida que necesitas.

EPÍLOGO

Una nueva forma de pensar

Imagina un hombre canoso, vestido con un mono de trabajo, atareado en su taller de carpintería. Por el suelo hay desparramada una silla antigua, o al menos lo que una vez fue una silla. Faltan muchas piezas. Una de las patas está combada. Necesita pintura.

La mayoría de la gente la habría arrojado a la basura; pero el carpintero no. Él ve un objeto útil. Hace años, antes de su deterioro, esta silla ocupaba un papel vital en la casa de alguien. Pronto, con el trabajo del carpintero, volverá a jugar ese papel. Bajo las capas de pintura hay un gran mueble. El carpintero pegó en la pared un boceto de cómo era la silla en sus mejores tiempos… y de cómo, después de su labor, volverá a lucir. La restaurará a su belleza inicial.

Imaginemos una situación similar en otro taller. Esta vez, el objeto a reparar es una lámpara. Durante cientos de noches, la lámpara iluminó la sala de estar. Sin embargo, con el trascurso de los años, pasó de moda. Llegaron los niños y la lámpara sufrió demasiadas caídas al suelo. La retiraron al sótano. Allí el polvo la cubrió, y allí la encontró el artesano.

No fue el primero en verla, aunque sí el primero en ver lo que podía llegar a convertirse. Un poco de trabajo, un poco de pulido, algo de limpieza, y esa vieja lámpara quedará nueva. De esta forma, el artesano rehace la instalación eléctrica, vuelve a pintar y restaura.

Una silla vetusta, una lámpara desechada. ¿Qué tienen en común? En primer lugar, que ya no cumplen su propósito inicial. Las hicieron para funciones nobles, pero luego fueron desechadas y olvidadas. Hasta que las encontraron. Hasta que se fijaron en ellas. Hasta que cada una fue elegida por un maestro artesano. Los artesanos sabían cuál era el propósito de cada objeto; y sabían cómo devolverles su esplendor inicial.

Pasemos ahora de un carpintero en un taller a un carpintero en una playa de Galilea. Este da unos pasos sobre las conchas y la arena. Ha divisado a dos hombres, dos pescadores. Los ve; pero no solo los ve como son, los ve como *deben* ser, como *pueden* ser. Conoce el propósito para el que fueron creados, y ese propósito es más elevado que pescar tilapias y percas. Por eso, el carpintero los invita a su taller:

Andando Jesús junto al mar de Galilea, vio a dos hermanos, Simón, llamado Pedro, y Andrés su hermano, que echaban la red en el mar; porque eran pescadores. Y les dijo: Venid en pos de mí, y os haré pescadores de hombres. Ellos entonces, dejando al instante las redes, le siguieron. (Mat. 4:18-20, RVR1960)

Así como los obreros restauraron la silla y la lámpara, el carpintero de Judea se dispone a restaurar dos vidas. Jesús los invita a su taller, no a un taller de martillos y clavos, sino al taller de vivir en su presencia. Su plan es sumamente sencillo: Los volverá a hacer, pero a su imagen. Así como Adán fue hecho a imagen de Dios, Jesús ahora decide hacer a sus seguidores a la imagen de Dios.

Y, en los últimos dos mil años, nada ha cambiado. Dios sigue transformándonos a su imagen.

«Dios sabía lo que hacía desde el principio cuando decidió moldear la vida de los que lo aman al igual que la vida de su Hijo» (Rom. 8:29, MSG).

El Padre tiene una agenda: transformarte a la imagen de Jesús. Él quiere que pienses como Jesús pensaba, escuches como Jesús escuchaba, y viajes como Jesús viajaba. Su plan es dar a tus piernas la resistencia de Cristo, a tu boca la verdad de Cristo. Por su poder, tu corazón conocerá la pasión de Cristo y tu toque transmitirá la ternura de Cristo.

Dios te está rehaciendo a imagen de Jesús.

Jesús no sentía culpa; Dios quiere que tú no sientas culpa. Jesús no tenía malos hábitos; Dios quiere acabar con los tuyos. Jesús no tenía temores; Dios quiere que seas valiente. Jesús sabía la diferencia entre el bien y el mal; Dios quiere que nosotros sepamos lo mismo.

«En realidad, ustedes son personas nuevas, que cada vez se parecen más a Dios, su creador, y cada vez lo conocen mejor» (Col. 3:10, TLA).

Fíjate en las frases *personas nuevas* y *cada vez se parecen más a Dios, su creador*. Él te sacó del montón de desechos y te está restaurando. Márcalo y subráyalo en rojo: No existe nadie que tenga sueños más grandiosos para ti que Dios. Algún día reinarás y gobernarás con él en un reino eterno. Por eso, «dejen que el Espíritu *les renueve los pensamientos y las actitudes. Pónganse la nueva naturaleza*» (Ef. 4:23-24, NTV).

¿Cómo nos renueva el Espíritu de Dios? Nos matricula en la Universidad del Pensamiento Piadoso. Poco a poco, día a día, año tras año, ¡Él crea una persona nueva!

Aprendemos a:

- llevar cautivos los pensamientos,
- probar cada mensaje con la verdad de la Escritura,
- interrumpir hilos de pensamientos venenosos antes de que nos infecten y
- pensar y actuar como Jesús.

¿Te resulta atrayente esto? ¿Más fe, menos temor? ¿Más gracia, menos culpa? ¿Más amor, menos lujuria? ¿Más seguridad, menos inseguridad? Está disponible a petición. ¡Recuerda quién eres! No eres un cualquiera; eres un socio del pacto con Dios, un miembro en pleno derecho de su programa de desarrollo del reino.

Dios se ha comprometido a rehacerte cambiando tu forma de pensar. Te ha capacitado para domar tus pensamientos.

Como mencioné anteriormente, tu cerebro contiene unos 86 000 millones de células nerviosas llamadas neuronas. Por si sirve de algo, eso representa el 0,2 % de los 37 billones de células de tu cuerpo.[1] Dentro de esos 86 000 millones de neuronas hay una estructura llamada microtúbulos, cada uno de los cuales es demasiado pequeño para verlo. Sin embargo, no te dejes engañar por su tamaño; se les ha llamado «el cerebro de la célula».[2] Cambian constantemente, se autodiseñan y rediseñan según tus pensamientos. Cada vez que piensas, los microtúbulos proporcionan la estructura mental que sustenta ese pensamiento. Crean un andamiaje para la célula nerviosa y modifican tu cerebro.

¿Te gustaría saber cuánto demora un microtúbulo en crear un nuevo andamiaje para tu cerebro? Diez minutos.[3] Desde el momento en que te viene un pensamiento hasta que ese pensamiento afecta tu cerebro, solo se necesitan diez minutos. No menciono esto para impresionarte utilizando palabras que apenas puedo pronunciar, sino para impresionarte con este maravilloso mensaje de esperanza: Estás a solo diez minutos de un nuevo tú. En cualquier momento, Dios te dará los pensamientos que remodelarán tu cerebro.

Acepta su oferta. «Ustedes deben cambiar completamente su manera de pensar, y ser honestos y santos de verdad» (Ef. 4:23, TLA). Tengo dos invitaciones finales. Por favor, considéralas.

PERMITE QUE DIOS TE AME

Pensar en Dios es estupendo. ¡Pero aún mejor es pensar en la manera que Dios piensa de nosotros!

> Me viste antes de que naciera. Cada día de mi vida estaba registrado en tu libro. Cada momento fue diseñado antes de que un solo día pasara. Qué preciosos son tus pensamientos acerca de mí, oh Dios. ¡No se pueden enumerar! Ni siquiera puedo contarlos; ¡suman más que los granos de la arena! Y cuando despierto, ¡todavía estás conmigo! (Sal. 139:16-18, NTV).

Dios nunca deja de pensar en ti; y sus pensamientos no son de condenación y juicio, sino de amor y adoración.

¿Cuán diferente sería tu vida si creyeras que eres amado por un Dios amoroso? Si no crees (me refiero a creer de verdad) que Dios te ama, entonces no creerás (me refiero a creer de verdad) que él te ayudará.

La fe en el amor de Dios tiene un efecto terapéutico. Según un estudio realizado, la creencia en un Dios benevolente y amoroso es el factor principal en la curación de pacientes con VIH. El estudio midió la cantidad de «células T auxiliares».[4] Mientras mayor sea la concentración de células T auxiliares, mayores serán las probabilidades de recuperación. ¡Los que negaban la fe en un Dios amoroso perdían células T auxiliares tres veces más rápido que los que creían!

El autor del estudio escribió: «Creer que Dios te ama es un factor enormemente protector, incluso más protector que tener puntuaciones bajas en depresión o altas en optimismo. Tener una perspectiva de un Dios benevolente es un factor protector; sin embargo, una puntuación alta en la declaración personalizada, "Dios me ama", es aún más fuerte».[5]

Por tanto, lo reitero, deja que Dios te ame.

¿Recuerdas al carpintero? ¿No es el amor lo que lo inspira a restaurar la silla? Le pasa el dedo a la madera astillada, y piensa: *Puedo dejarla como nueva*. ¿No es el amor lo que inspira al artesano a reparar la lámpara rota? La pone a contraluz y decide: «Puedo restaurarla». Sería más sencillo comprar una silla o una lámpara nuevas, pero la comodidad no es lo que rige al obrero.

Ni tampoco a Dios. Seguramente sería más sencillo empezar de cero con otra especie menos propensa al pecado; sin embargo, Dios no se guía por la conveniencia, sino por el amor. ¿Y no es este amor el que inspiró al Carpintero a restaurar a los pescadores? Mateo nos indica que Jesús «vio» a los pescadores. Pasó el dedo por las grietas de sus corazones. Los puso a la contraluz de su Espíritu y dijo: «Puedo hacer algo aquí; puedo hacerlos a mi imagen».

Marcos, en su relato del hombre rico, describe este amor de Cristo. El rico preguntó a Jesús qué tenía que hacer para ser salvo. Observen su respuesta: «Jesús miró al hombre y sintió profundo amor por él» (Mar. 10:21, NTV).

Antes de hablarle, Jesús lo amó. Antes de desafiarlo, lo amó. Antes de decirle: «Sígueme», le expresó con los ojos: «Te amo».

Pedro y Andrés no fueron elegidos por sus habilidades o talentos, sino porque Dios los amó. Dios te eligió a ti por la misma razón; y es por aquí que debemos empezar. Debemos asimilar «las dimensiones extravagantes del amor de Cristo. ¡Extiendan la mano y experimenten su amplitud, su extensión y su profundidad! ¡Asciendan a las alturas!» (Ef. 3:18-19, MSG).

Dios te conoce mejor de lo que tú te conoces. Dios te ama más de lo que tú te amas. Su visión para tu futuro es más grandiosa que la tuya.

Desistirás de ti mismo antes que él desista contigo. Te condenarás a ti mismo antes que él te condene. Te descalificarías y te descartarías a ti mismo mucho antes de que Dios lo haga. Deja que Dios te ame.

¡Cuánto necesitamos ese amor! Nos agotamos tanto. Podemos identificarnos con la historia del soldado en una caminata de cuarenta kilómetros (veinticinco millas). Toda la unidad estaba extenuada. El oficial al mando llamó a formación y señaló: «Si están demasiado cansados para continuar, den tres pasos al frente». Toda la unidad dio los tres pasos, excepto un soldado débil y pálido. Se quedó allí parado, a punto de desplomarse por el peso de su mochila. El comandante se le acercó y le dijo: «Hijo, el ejército está orgulloso de ti». El soldado respondió: «No sé por qué; ni siquiera puedo dar tres pasos más».

¿Extenuado? Entonces deja que Dios te ame. Si así haces, tendrás más confianza para dejar que él te guíe.

PERMITE QUE DIOS TE GUÍE

Cada día, varias veces, respondemos una pregunta fundamental: *¿En la verdad de quién voy a confiar?* Muchos de los mensajes que recibimos son pura mentira. Si les prestamos atención, en lugar de prestarle atención a él, nos convertimos en candidatos para el caos.

El pensamiento sano es un pensamiento selectivo. Escudriñamos los mensajes y los filtramos para desechar lo falso y atesorar lo verdadero. Algunas personas son selectivas con la comida. Nosotros somos pensadores selectivos. Solo porque alguien lo diga, no tenemos por qué creerlo.

Te doy un ejemplo de por qué esto es importante. A los pasajeros que vuelan a Milwaukee, Wisconsin, se les puede perdonar que piensen que están a punto de aterrizar en Cleveland, Ohio. Después de todo, lo dice el cartel. Mira por la ventanilla cuando el avión desciende y verás pintado en un tejado «Bienvenido a Cleveland».

Parece un mensaje oficial. Las letras miden casi dos metros (seis pies) de alto, y están escritas con un tipo de letra profesional y en negrita.

Solo hay un problema. Aunque las palabras dan la bienvenida a Cleveland, los pasajeros aterrizan en Milwaukee. El letrero es una broma pesada que se le ocurrió al propietario del apartamento sobre el que pintó las palabras. Con un rodillo de pintura, este hombre creó el cartel de «Cleveland».[6]

No a todo el mundo le hace gracia la broma. Algunos pasajeros se salen de sus casillas y llaman a la azafata. Necesitan que se les tranquilice. ¿Abordaron el avión que no era? ¿Se ha desviado el avión? Hay una compañía aérea que anuncia preventivamente que no confíen en ese cartel; que confíen en el piloto.[7]

¿No necesitamos nosotros el mismo recordatorio?

Nuestro Dios, nuestro Piloto, tiene la última palabra en todas las cosas. Ignora los mensajes de las vallas publicitarias que dicen lo contrario. Créele a él. Si él afirma que estás perdonado, estás perdonado. Si te expresa que no te preocupes, ¿por qué has de preocuparte? Si proclama que eres hijo de Dios, confía en él. Si te pide que perdones a un imbécil, entonces perdona al imbécil.

Confía en su verdad.

El pensamiento falso puede ser devastador.

El psicólogo clínico David Stoop cuenta sobre un hombre que se metía a escondidas en los trenes de carga y viajaba por todo el país.

Una noche se subió a lo que parecía un vagón de mercancías y cerró la puerta. No se sabe cómo, la puerta se atrancó y el hombre quedó encerrado dentro. Cuando sus ojos se adaptaron a la oscuridad, descubrió que estaba dentro de un vagón frigorífico. Golpeó fuertemente la puerta, pero nadie le oyó. Mientras intentaba luchar contra el frío, rayó parte de un mensaje en el suelo del vagón. Nunca pudo terminarlo.

En algún momento, ya tarde al día siguiente, los técnicos del ferrocarril lo encontraron muerto. Tenía el aspecto de alguien que había muerto por congelamiento. El misterio era que las unidades de refrigeración del vagón estaban rotas. Los técnicos habían ido a repararlas. La temperatura en el interior del vagón probablemente no bajó de los diez grados centígrados (cincuenta grados Fahrenheit) durante la noche. ¡El hombre murió porque sus pensamientos le decían que se estaba muriendo de frío![8]

Creyó en una falsedad.

No estás encerrado en un vagón; aunque es posible que estés atrapado en la culpa. No piensas que estás a punto de congelarte, aunque tal vez pienses que estás a punto de fracasar. No escuchaste cómo se atrancó la puerta de un vagón de tren, pero escuchaste las críticas de un cónyuge, las burlas de unos niños, las expresiones racistas de un vecino. A menos que arranques de raíz la falsa mala hierba y vuelvas a plantar la verdad, tu pensamiento equivocado podría llevarte a la catástrofe; a la desesperación, a la derrota, a la depresión.

En la vida no siempre conseguimos lo que queremos, aunque a menudo conseguimos lo que esperamos. Henry Ford expresó una vez: «Ya sea que pensemos que podemos o que no podemos, estaremos en lo cierto». Si esperamos que el día será malo; malo será. Si esperamos que el tráfico nos pondrá de mal humor; lo hará. Por el contrario, si suponemos que nuestro Dios amoroso está haciendo algo bueno en el mundo y que nosotros estamos incluidos en sus planes, entonces esos planes pronto se harán manifiestos.

Confía en la verdad de Cristo. ¿Por qué confiar en las palabras de un ser humano cuando puedes confiar en las palabras de tu Hacedor? ¿Por qué prestar atención a los medios de comunicación cuando puedes escuchar al que resucitó de entre los muertos? ¿Por qué creer a otro pecador, cuando puedes creer a tu Salvador?

Déjate guiar por el Dios que te ama. Solo necesitas un pensamiento para recordar que eres amado y guiado por un Padre bueno; muy bueno.

Así es como funciona:

Sales mal en una prueba eliminatoria de béisbol. Tus amigos son seleccionados y tú no. El mensaje del momento indica: «No llegué al equipo. Soy un fracaso; un gran fracaso. Soy de segunda categoría». La verdad de Dios del momento afirma lo contrario. «No llegué al equipo, pero sigo siendo hijo de Dios. Soy su creación y mi destino es el cielo. Además, todas las cosas obran para bien».

¿Ves la diferencia? Es natural que la mente natural tome decisiones equivocadas. La mente espiritual, la mente de Cristo (que tú tienes), confiará en la verdad.

Otro ejemplo. No te aumentaron el salario. La tendencia es asumir lo peor. «Voy a perder mi trabajo, mi pensión, mi jubilación. Estoy aterrizando en Cleveland».

La verdad de Dios, si le das lugar, interrumpe el ciclo de mentiras. «No me subieron el salario; es decepcionante. Aun así, mi vida está en manos de Dios. Él ha prometido cuidarme, y lo hará. Si Dios sabe cuándo cae un gorrión al suelo, entonces sabe cómo proveerme».

Ser discípulo no es más que dejar que Dios cambie nuestra forma de vivir cambiando nuestra forma de pensar. Las buenas acciones se derivan de los buenos pensamientos. El comportamiento se inspira en las creencias. Si nuestra creencia es incorrecta, nuestro comportamiento será incorrecto. Sin embargo, si nuestra creencia es piadosa, nos comportaremos de manera piadosa.

Deja que Dios te guíe. Ora de forma específica por tus patrones de pensamiento específicos. Identifica las tendencias que te roban el gozo y la paz, y preséntalas a Cristo como le presentarías una silla rota a un carpintero. «¿Puedes arreglar esto?».

Él lo hará.

A Dios le encanta que le pidan. Busca en el Nuevo Testamento un solo caso de petición rechazada, una sola ocasión en la que Jesús haya rechazado a la persona que le pide. Habrá alguna vez en la que sacudió la cabeza y expresó: «Estás pidiendo demasiado». O: «Vuelve mañana, esta noche estoy demasiado cansado». O: «Has estado aquí todos los días durante los últimos veinte años. Déjame en paz y dale la oportunidad a otro».

Adelante. Busca esa petición rechazada. No la encontrarás. Encontrarás una persona tras otra; una necesidad tras otra; una petición tras otra. Jesús las escuchó todas. Él no hizo distinción entre las oraciones de los sacerdotes y las oraciones de los indigentes. No elevó a los hombres por encima de las mujeres. Acogía a los rabinos y a los rebeldes, a los niños y a los ancianos. Jesús demostró que al orar todos tenían igualdad de oportunidades.

Cuando el padre de la niña agonizante le suplicó ayuda, Jesús fue directamente a ella. Cuando la mujer con flujo de sangre tocó su manto, Jesús se detuvo en seco para mirarla. Ya fueran mendigos ciegos o leprosos decrépitos, Jesús los escuchaba a todos. Es como si tuviera una debilidad en su corazón por todos los que necesitaban ayuda.

Jesús escuchó sus oraciones, y escuchará las tuyas.

El apóstol Pablo escribió: «Por lo demás, hermanos, todo lo que es verdadero, todo lo honesto, todo lo justo, todo lo puro, todo lo amable, todo lo que es de buen nombre; si hay virtud alguna, si algo digno de alabanza, en esto pensad» (Fil. 4:8, RVR1960).

El apóstol hace esta advertencia, pues está seguro de que podemos elegir nuestros pensamientos. No siempre podemos elegir nuestra situación, pero siempre podemos elegir en qué meditamos.

El capitán Gerald Coffee lo logró. El 3 de febrero de 1966, su avión fue derribado sobre el mar de China, y pasó los siete años siguientes en una serie de campos de concentración norvietnamitas. Lo torturaron, lo estiraron con cuerdas. Pasó horas de dolor. Vivió con un brazo fracturado sin recibir tratamiento. Pasó años aislado; lejos de su familia, lejos de su país, pero nunca lejos de tener esperanza.

En su libro *Beyond Survival* [Más allá de la supervivencia], describe cómo él y otros presos se comunicaban mediante golpecitos en las paredes. Aprendió a volver mentalmente a su hogar en Estados Unidos, y entraba a cada una de las habitaciones.

Todos los domingos, el oficial principal de cada bloque de celdas enviaba un mensaje a través de un susurro. Era la hora de adorar. Los prisioneros permanecían de pie, y aunque no podían verse unos a otros, percibían la presencia de todos mientras repetían en voz baja las palabras del Salmo 23: «Aderezas mesa delante de mí en presencia de mis angustiadores; unges mi cabeza con aceite; mi copa está rebosando» (v. 5, RVR1995). Coffee escribió: «Me di cuenta de que, a pesar de estar

encarcelado en aquel terrible lugar, era *mi* copa la que rebosaba porque…
volvería a un país hermoso y libre».[9]

El capitán encontró la paz, incluso en prisión. ¿Cómo? Decidió escoger sus pensamientos.

Cristo te ayudará a hacer lo mismo. Él tiene un sueño fabuloso para ti, amigo mío. Te está moldeando a imagen de uno que sea digno de caminar por las calles del cielo, y todo comienza con una sencilla elección: doma tus pensamientos; presta atención a lo que piensas.

Espero que lo hagas.

PREGUNTAS PARA REFLEXIONAR

PREPARADAS POR ANDREA RAMSAY

UNO

PRESTA ATENCIÓN A
LO QUE PIENSAS

1. ¿Cómo describirías tus pensamientos: calmados, agitados o diferentes cada día? Invierte unos minutos para prestar atención a lo que piensas. Anota cualquier pensamiento recurrente que has tenido hoy.

2. ¿Qué es la *neuroplasticidad* (p. 4)? ¿Por qué es tan importante este término cuando se trata de cambiar nuestra manera de pensar? ¿Qué patrones de pensamiento o creencias han cambiado en ti en los últimos años?

3. Lee Efesios 4:22-23. ¿Cómo se relaciona este pasaje con la idea de la neuroplasticidad?

4. Lee Romanos 12:2 (NTV). ¿Qué significa imitar las conductas y las costumbres de este mundo? ¿De qué manera imita tu mente la cultura y las personas a tu alrededor? ¿De qué manera promete Dios ayudarnos? «Más bien dejen que Dios los transforme en personas nuevas al cambiarles _____» (p. 8).

5. En Efesios 6, Pablo nos alienta a ponernos «toda la armadura de Dios para que puedan hacer frente a las artimañas del diablo» (v. 11). Una pieza crucial de esta armadura es «el casco de la salvación» (v. 17). Describe cómo entendería esta metáfora el público romano del apóstol.

6. ¿De qué manera has intentado domar tus pensamientos en el pasado? ¿Has probado la meditación, escribir un diario, el pensamiento positivo, la gratitud o alguna otra cosa? ¿Cuál ha sido tu experiencia con estas cosas?

7. Nombra las tres herramientas del kit para domar tus pensamientos (representadas por los íconos a continuación).

8. ¿Cuáles son tus problemas más comunes de pensamiento: la ansiedad, el miedo, los pensamientos compulsivos o algo más? ¿Cómo esperas que este libro te ayude a cambiar tus pensamientos y, por lo tanto, tu vida?

DOS

TEN UN PENSAMIENTO SELECTIVO

1. ¿Qué tipo de pensamientos están al momento en tu «sala de crisis». Anota algunos de ellos. ¿Les permites entrar en tu sala de crisis sin cuestionarlos o te muestras escéptico con ellos? Explícalo.

2. Lee 2 Corintios 10:4-5 (NBLA). ¿De qué manera pones «todo pensamiento en cautiverio»? ¿Qué pensamientos que vienen a tu mente necesitas poner en cautiverio? Escríbelos.

3. Al tener un pensamiento selectivo, ponemos cautivos los pensamientos y luego los ponemos a prueba. Por lo general, ¿cómo sueles verificar la información que recibes, ya sea de otra persona, de un libro o de Internet?

4. ¿Cómo afecta nuestra creencia en la Biblia a la forma en que controlamos nuestros pensamientos? ¿Cómo te han cambiado la Escritura, o cómo has visto que han cambiado a otra persona?

5. Si no estás seguro de cuáles son las fortalezas que te están frenando, vigilar tus pensamientos habituales puede ayudarte a identificarlas. ¿Cuál es un pensamiento predeterminado común que tienes acerca de ti mismo? ¿Cómo podrías contrastar este pensamiento con la Escritura?

6. Imagina que tu mente es una sala de crisis real, el lugar donde se filtran los pensamientos y se toman las decisiones. Haz un dibujo de tu sala de crisis ideal, el lugar donde todo pensamiento se pone en cautiverio a la obediencia de Cristo.

TRES

IDENTIFICA LAS MENTIRAS

1. Este capítulo presenta una estadística impactante: el 80 % de nuestros pensamientos son negativos. ¿Te sorprende? ¿Por qué sí o por qué no?

2. ¿En qué se parecen los pensamientos negativos al moho? (p. 37).

3. ¿Si tuvieras que describir las mentiras en una sola palabra, cuál sería? (p. 39).

4. ¿Qué falsedades has creído? ¿Cuáles de estas falsedades se han convertido en raíces o surcos mentales en los cuales se estancan tus pensamientos? (p. 40). ¿De qué manera creer estas falsedades ha afectado a tu relación con los demás, con Dios y contigo mismo?

5. Una cosa es tener un pensamiento negativo y otra muy distinta es tener una narración falsa dando vueltas en tu mente, toda una historia que te has inventado basándote en una falsedad. ¿Qué narración falsa está pasando por tu mente? ¿Puedes reconocer la falsedad que dio inicio a esa narración falsa? ¿Cómo afecta a tu relación con los demás, con Dios y contigo mismo? (pp. 39-40).

6. ¿Cuándo te ha llevado tu narración falsa a reaccionar de forma exagerada? ¿Qué desencadenó esa reacción exagerada? (p. 42).

7. No es fácil identificar ni superar las mentiras. Piensa en la narración falsa sobre la que escribiste en la pregunta 5. ¿Qué necesitas creer acerca de Dios para dejar de creer esta mentira y esta narración falsa, y dejar de reaccionar de forma exagerada?

CUATRO

ARRANCA DE RAÍZ Y VUELVE A PLANTAR

1. Anota algunos pensamientos en los que hayas reflexionado hoy. ¿Qué tipo de pensamientos son: negativos, positivos, falsos o verdades de la Escritura? ¿Hay algún momento del día, lugar o acontecimiento que te haga pensar demasiado?

2. En 1 Corintios 2:16 (NBLA), Pablo escribió: «Tenemos la mente de Cristo». ¿Sientes que tienes la mente de Cristo? ¿Por qué sí o por qué no?

3. Lee Lucas 4:1-13. ¿Con qué pensamientos tentó Satanás a Jesús? ¿Cómo combatió Jesús cada mentira de Satanás? ¿Qué te dice este pasaje sobre cómo podemos prepararnos para las tentaciones de Satanás?

4. Lee Mateo 12:43-45. Relaciona la ilustración con la herramienta de arrancar de raíz y volver a plantar. ¿Qué encontró el demonio en su dueño anterior? ¿Qué simboliza esto? ¿Cuándo eres más propenso a llenar tu mente con algo que no sea la Escritura?

5. ¿Cómo defines o entiendes la meditación? «La Escritura define la meditación como el acto de _____ la mente» (p. 57). ¿Cómo podrían funcionar juntas la meditación y la Palabra de Dios?

6. Al final de este capítulo hay una lista de las fortalezas que se mencionan en el libro (p. 60). ¿Cuál de estas te causa más dificultades? ¿Cómo esperas que este libro te ayude a desarraigar esa fortaleza de una vez por todas y qué vas a replantar en su lugar?

7. Termina este tiempo de reflexión arrancando de raíz y volviendo a plantar. Elige uno de los pensamientos negativos que enumeraste en la pregunta 1, un pensamiento en el que tiendes a rumiar. Escribe el pensamiento y luego escribe un versículo de la Escritura para reemplazarlo.

CINCO

CUANDO LUCHAS CON LA ANSIEDAD

1. En una escala del 1 al 10, donde 1 significa estar completamente en paz y 10 significa estar muy ansioso, ¿cómo te sientes hoy? ¿Cuál es tu historial con la ansiedad? ¿La sientes a menudo, ocasionalmente o rara vez? Explica tu respuesta.

2. A veces Dios calma la tormenta y otras veces calma a la persona. ¿Cuándo te ha calmado Dios a ti, pero no la tormenta?

3. Lee Efesios 1:20-22, Mateo 10:29, Mateo 11:27 y Lucas 18:27. ¿Qué pasaje te impacta más y por qué? ¿Cómo afecta nuestra creencia en la autoridad de Jesús a la forma y el momento en que oramos y le pedimos a Dios lo que necesitamos?

4. Lee Filipenses 4:6. ¿Tienes alguna práctica espiritual relacionada con la gratitud? Si es así, ¿cómo te ha influenciado?

5. ¿De qué se quejaban los israelitas en el desierto? (p. 75-76). ¿De qué te quejas, ya sea por cosas importantes o insignificantes? ¿Cómo afecta la ingratitud a tu ansiedad?

6. Haz una lista de tus bendiciones. ¿Cómo podrías hacer de la gratitud una práctica habitual en tu vida, especialmente durante una tormenta?

7. ¿Qué te ha causado ansiedad últimamente? ¿Qué tipo de pensamientos has tenido con respecto a esa situación? *Ten un pensamiento selectivo:* ¿Cuál de estos pensamientos necesitas dejar de permitir que entren en tu mente?

SEIS

CUANDO LUCHAS CON LA CULPA

1. ¿Cómo es tu relación con la culpa? ¿Un compañero constante, algo de tu pasado o algo que ignoras? Explícalo.

2. Lee 2 Corintios 7:10. ¿Qué dos tipos de remordimiento describía Pablo? ¿Cuál es la diferencia entre culpa y vergüenza?

3. Lee 1 Pedro 2:24. ¿Cuál es el remedio para nuestra culpa y vergüenza? ¿Crees en este remedio? ¿Por qué sí o por qué no?

4. Lee 1 Juan 1:9. ¿Qué sucede cuando confesamos nuestros pecados a Dios? ¿Cuándo has confesado y has sentido el perdón de Dios como resultado?

5. La confesión puede hacernos sentir más culpables, al enumerar nuestros pecados y temer que ignoremos alguno. ¿Alguna vez has experimentado este tipo de legalismo al confesar? ¿Cómo podemos estar seguros de que hemos sido perdonados una vez que confesamos?

6. Nos confesamos ante Dios y, a veces, nos confesamos ante los demás. ¿Cómo ha sido tu experiencia al confesarte ante otras personas? ¿Por qué crees que confesarse ante los demás puede ser tan sanador?

7. ¿Qué es algo que recientemente te ha hecho sentir culpa o vergüenza? ¿Qué tipo de pensamientos has tenido acerca de esta situación? Utiliza la Escritura para identificar las mentiras y domar tus pensamientos (una buena fuente podría ser el banco de pasajes bíblicos en este libro): ¿A qué falsedad te han llevado estos pensamientos? ¿Qué narración falsa se está escribiendo a partir de esta falsedad? ¿Cuándo has reaccionado de forma exagerada basándote en esta narración falsa? *Arranca de raíz y vuelve a plantar*: Elige un pasaje de la Escritura para arrancar de raíz la falsedad causada por los pensamientos de culpa y vergüenza y volver a plantar la Palabra.

SIETE

CUANDO NO HALLAS ALEGRÍA

1. Piensa en la alegría pura de un niño, como la que se menciona al principio de este capítulo. ¿Recuerdas haber sentido esa alegría cuando eras pequeño? Explícalo. Describe tu estado de alegría actual.

2. Al meditar en el ejemplo de 1 Pedro 1 (p. 95-97), ¿cómo modeló la iglesia primitiva el gozo de Jesús? ¿Qué hacía tan alegre a este grupo perseguido? ¿Conoces a alguien que haya experimentado dolor, tristeza o persecución, pero que sigue siendo alegre?

3. Se ha demostrado científicamente que la alegría es contagiosa (p. 97-98). ¿Cuándo has experimentado la alegría contagiosa? ¿Cuándo has provocado alegría en otra persona?

4. ¿Cuáles son las claves para la alegría? (pp. 98-105). ¿Cuál de estas es más desafiante para ti y por qué? ¿Cuál de estas opciones te resulta más natural y por qué?

5. Lee Mateo 6:25-27. ¿De qué forma el hecho de permanecer en el momento presente nos ayuda a cultivar la alegría? ¿De qué maneras podrías domar tus pensamientos y practicar estar más presente, especialmente cuando tu mente comienza a acelerarse o cuando los pensamientos tristes te invaden?

6. Evalúa tu nivel de alegría. Cree que la alegría es posible. Clama por ayuda. ¿Qué tipo de pensamientos tienes que *arrancar de raíz* y *volver a plantar* cuando persigues las claves para la alegría?

OCHO

CUANDO TE ATRAE LA LUJURIA

1. Este capítulo comienza con la historia de Amnón y Tamar en 2 Samuel 13. ¿Qué pensamientos o sentimientos te despertó esta historia? ¿Por qué crees que se incluyen historias como esta en la Escritura?

2. «La lujuria consiste en desear lo que no te pertenece» (p. 110). Este deseo puede ser sexual o de otro tipo, como el poder, la riqueza o el prestigio. Teniendo en cuenta esta definición, ¿qué es lo que más deseas?

3. Las estadísticas sobre el consumo de pornografía en Estados Unidos son sorprendentes (p. 112). ¿Te han sorprendido estas estadísticas? ¿Por qué sí o por qué no? ¿Cómo te ha afectado la pornografía?

4. ¿Qué efecto tiene la pornografía (y otras fuentes de lujuria) en nuestro cerebro? ¿Cuándo has experimentado el ciclo de subida y bajada de dopamina? ¿Cómo te liberaste de este ciclo? ¿Cómo te ayuda la comprensión de esta respuesta de la dopamina a entender la adicción?

5. ¿Qué acontecimiento te ha provocado recientemente lujuria? ¿Qué tipo de pensamientos tuviste como resultado? *Identifica la mentira:* ¿a qué falsedad te han llevado estos pensamientos? ¿Qué narración falsa está creando esta falsedad? ¿Cuándo has reaccionado de forma exagerada basándote en esta narración falsa? *Arranca de raíz y vuelve a plantar:* elige un pasaje de la Escritura para reemplazar la falsedad causada por los pensamientos lujuriosos.

NUEVE

CUANDO TE SIENTES ABRUMADO

1. Cuando te sientes abrumado, ¿qué tipo de pensamientos tienes? ¿Cómo te sientes físicamente? ¿Cómo te sientes emocionalmente? ¿Cómo actúas? ¿Cómo crees que te perciben los demás cuando estás en un estado de agobio? ¿Qué herramientas podrías utilizar para controlar estos pensamientos?

2. ¿A qué Goliat (una situación que te hace sentir abrumado) te enfrentas hoy?

3. Lee 1 Samuel 17:37, 45-47. ¿Por qué crees que David tenía tanta fe en Dios frente a Goliat? ¿Qué tipo de fe tienes frente a tu Goliat?

4. ¿Qué momentos de tu día deberías dedicar a Dios? ¿Cómo podrías invitar a Dios a tu día cuando te despiertas? ¿Cómo podrías estar presente con Dios cuando te sientes abrumado en medio de la noche?

5. David derrotó a Goliat con una honda. Tú también tienes herramientas para derrotar a tu Goliat. Piensa en el Goliat al que te enfrentas hoy y en los pensamientos que te ha provocado. *Ten un pensamiento selectivo:* ¿cuáles de estos pensamientos debes dejar de permitir que entren en tu mente? *Identifica las mentiras:* ¿a qué falsedad te han llevado estos pensamientos? ¿Qué narración falsa se está escribiendo a partir de esta falsedad? ¿Cuándo has reaccionado de forma exagerada basándote en esta narración falsa? *Arranca de raíz y vuelve a plantar:* elige un pasaje de la Escritura para reemplazar la falsedad.

DIEZ

CUANDO EL DOLOR TE CONFUNDE

1. ¿Cuándo fue la última vez que te sentiste desconcertado por el dolor, por una experiencia que te llevó a preguntarle a Dios por qué?

2. ¿Cómo reaccionas normalmente ante el dolor? ¿Lo adormeces, te obsesionas con él o huyes de él? Explica tu respuesta.

3. Dios accedió a permitir que Satanás pusiera a prueba a Job y que le causara un gran sufrimiento. ¿Cuándo te has sentido puesto a prueba por el sufrimiento? ¿Qué tipo de preguntas te hiciste durante ese tiempo? ¿Qué te enseñó Dios?

4. Lo primero que Satanás le quitó a Job fue su ganado (su medio de vida) y sus hijos. Lee la respuesta de Job en el capítulo 1:20-21. ¿Qué opinas de la reacción de Job? ¿Cómo responderías si perdieras lo que perdió Job?

5. Job siguió siendo blanco de Satanás, quien finalmente atacó la salud de Job. Lee Job 7:20-21. ¿Qué tipo de pensamientos imaginas que tenía Job en ese momento de su sufrimiento?

6. Lee la respuesta de Dios en Job 38:2-5. Job al final volvió a alabar a Dios. ¿Lo harías tú? ¿Por qué sí o por qué no?

7. Practica la gestión de los pensamientos y las preguntas sobre el dolor. Usa la herramienta o herramientas que mejor se adapten a tu situación. ¿Qué pensamientos has tenido sobre lo que te causa dolor? *Ten un pensamiento selectivo*: ¿cuáles de estos pensamientos debes dejar de permitir que entren en tu mente? *Identifica las mentiras*: ¿a qué falsedad te han llevado estos pensamientos? ¿Qué narración falsa se está escribiendo a partir de esta falsedad? ¿Cuándo has reaccionado de forma exagerada basándote en esta narración falsa? *Arranca de raíz y vuelve a plantar*: elige un pasaje de la Escritura para reemplazar la falsedad causada por tus preguntas, el dolor y el sufrimiento.

ONCE

CUANDO TEMES EL RECHAZO DE DIOS

1. El rechazo es un miedo común. Tememos el rechazo de nuestros padres, cónyuge, amigos y colegas. ¿Cómo crees que el rechazo de los demás afecta nuestro miedo a ser rechazados por Dios?

2. ¿Qué te llamó la atención de la historia del rey y la prostituta? ¿Qué te dice esta historia sobre lo que se requiere de nosotros para entrar en el reino de Dios?

3. Incluso si crees que has sido salvado por la gracia, sigue siendo tentador caer en el patrón legalista que dice que debemos ganarnos el amor de Dios. ¿En qué características u obras tiendes a confiar para sentirte amado y aceptado por Dios?

4. Pablo preguntó: «¿Acaso hay algo que pueda separarnos del amor de Cristo?» (Rom. 8:35, NTV). Aunque sabemos que «nada podrá jamás separarnos del amor de Dios» (v. 38, NTV), ¿cómo actuamos en contra de esta verdad?

5. ¿Qué pensamientos has tenido últimamente que te hacen dudar de que Dios te acepta y temer su rechazo? (Usa la herramienta o herramientas que mejor te funcionen). *Ten un pensamiento selectivo:* ¿cuáles de estos pensamientos debes dejar de permitir que entren en tu mente? *Identifica las mentiras:* ¿a qué falsedad te han llevado estos pensamientos? ¿Qué narración falsa se está escribiendo a partir de esta falsedad? ¿Cuándo has reaccionado de forma exagerada basándote en esta narración falsa? *Arranca de raíz y vuelve a plantar:* elige un pasaje de la Escritura para reemplazar la falsedad causada por tu temor a ser rechazado por Dios.

DOCE

CUANDO NO PUEDES ALCANZAR LA SATISFACCIÓN

1. ¿En qué áreas te cuesta sentirte satisfecho? ¿Con el dinero, las posesiones, la popularidad o con algo más? ¿Cómo contribuye tu comunidad o tu estilo de vida a este descontento? ¿Cómo afecta el descontento a tus pensamientos?

2. Describe al emperador Nerón. ¿Qué detalle te llama más la atención y por qué? ¿Cómo imaginas que eran sus pensamientos?

3. Describe al apóstol Pablo. ¿Qué detalle te llama más la atención y por qué? ¿Cómo imaginas que eran sus pensamientos?

4. Lee Filipenses 4:11-13. ¿Cuándo has vivido en escasez? ¿Cuándo has tenido en abundancia? ¿Qué te enseñaron esas épocas sobre la satisfacción?

5. Lee Eclesiastés 5:15. Cuando piensas en lo que puedes llevar al cielo y lo que no, ¿qué es lo más importante en tu vida?

6. ¿Qué significa la palabra sueca *lagom*? (p. 175). ¿Qué cosa en tu vida te parece *lagom* en este momento y por qué?

7. ¿Qué pensamientos de descontento has tenido últimamente? (Usa la herramienta o herramientas que mejor te funcionen). *Ten un pensamiento selectivo*: ¿cuáles de estos pensamientos debes poner en cautiverio? *Identifica las mentiras*: ¿a qué falsedad te han llevado estos pensamientos? ¿Qué narración falsa se está escribiendo a partir de esta falsedad? ¿Cuándo has reaccionado de forma exagerada basándote en esta narración falsa? *Arranca de raíz y vuelve a plantar*: elige un pasaje de la Escritura para reemplazar la falsedad causada por la creencia de que necesitas cada vez más y más.

UNA NUEVA FORMA DE PENSAR

1. Ahora que has llegado al final de este libro, ¿te sientes esperanzado de poder domar tus pensamientos? ¿Por qué sí o por qué no? ¿Qué cambios has notado ya?

2. Lee Salmos 139:16-18. ¿Crees que Dios piensa así de ti? ¿Por qué sí o por qué no?

3. ¿Cómo sería diferente tu vida si creyeras que eres amado por un Dios amoroso?

4. ¿En qué «vagones» estás atrapado, en mentiras que son difíciles de desarraigar y replantar con la verdad (p. 185-186)? ¿Por qué son tan difíciles de dejar atrás estas mentiras?

5. «Ustedes deben cambiar completamente su manera de pensar, y ser honestos y santos de verdad» (Ef. 4:23, TLA). El propósito más amplio de este libro se resume en esta afirmación: «Ser discípulo no es más que dejar que Dios cambie nuestra forma de vivir cambiando nuestra forma de pensar» (p. 187). ¿Cómo seguirás trabajando en tus pensamientos? ¿Qué herramienta o herramientas esperas utilizar con más frecuencia?

BANCO DE PASAJES BÍBLICOS

CAPÍTULO 1: PRESTA ATENCIÓN A LO QUE PIENSAS

«En cambio, dejen que el Espíritu les renueve los pensamientos y las actitudes. Pónganse la nueva naturaleza, creada para ser a la semejanza de Dios, quien es verdaderamente justo y santo». (Ef. 4:23-24, NTV)

«No se amolden al mundo actual, sino sean transformados mediante la renovación de su mente». (Rom. 12:2)

«Cuida tus pensamientos porque ellos controlan tu vida». (Prov. 4:23, PDT)

«… abrazar el poder de liberación total de la salvación, como un casco para proteger tus pensamientos de la mentira». (Ef. 6:17-18, TPT)

«Porque no nos ha dado Dios espíritu de cobardía, sino de poder, de amor y de dominio propio». (2 Tim. 1:7, RVR1960)

CAPÍTULO 2: TEN UN PENSAMIENTO SELECTIVO

«Pues aunque andamos en la carne, no luchamos según la carne. Porque las armas de nuestra contienda no son carnales, sino poderosas en Dios para la destrucción de fortalezas destruyendo especulaciones y todo razonamiento altivo que se levanta contra el conocimiento de Dios, y poniendo todo pensamiento en cautiverio a la obediencia de Cristo». (2 Cor. 10:4-5, NBLA)

«Usamos nuestras herramientas poderosas dadas por Dios para hacer pedazos filosofías deformadas, derribar barreras establecidas contra la verdad de Dios». (2 Cor. 10:5, MSG)

«... ya no hay ninguna condenación para los que están en Cristo Jesús». (Rom. 8:1)

CAPÍTULO 3: IDENTIFICA LAS MENTIRAS

«Ama al Señor tu Dios con todo tu corazón, con toda tu alma, con toda tu mente y con todas tus fuerzas». (Mar. 12:30)

«Pónganse toda la armadura de Dios para que puedan hacer frente a las artimañas del diablo». (Ef. 6:11)

«Así podemos capturar todos los pensamientos y hacer que obedezcan a Cristo». (2 Cor. 10:5, PDT)

CAPÍTULO 4: ARRANCA DE RAÍZ Y VUELVE A PLANTAR

«Los que están dominados por la naturaleza pecaminosa piensan en cosas pecaminosas, pero los que son controlados por el Espíritu Santo piensan en las cosas que agradan al Espíritu. Por lo tanto, permitir que la naturaleza pecaminosa les controle la mente lleva a la muerte. Pero permitir que el Espíritu les controle la mente lleva a la vida y a la paz». (Rom. 8:5-6, NTV)

«Tenemos la mente de Cristo». (1 Cor. 2:16, NBLA)

«... dejen que el Espíritu les renueve los pensamientos y las actitudes. Pónganse la nueva naturaleza...». (Ef. 4:23-24, NTV)

«Su Palabra poderosa es cortante como el bisturí de un cirujano, atraviesa todo, ya sea duda o defensa, y nos abre para escuchar y obedecer. Nada ni nadie puede resistirse a la Palabra de Dios». (Heb. 4:12, MSG)

«... reciban ustedes con humildad la palabra implantada, que es poderosa para salvar sus almas». (Sant. 1:21, NBLA)

«En sencilla humildad, dejen que nuestro jardinero, Dios, con la Palabra, convierta nuestra vida en un jardín de salvación». (Sant. 1:21, MSG)

«Acepten con humildad la palabra que Dios les ha sembrado en el corazón, porque tiene el poder para salvar su alma». (Sant. 1:21, NTV)

«Permitan que la paz de Cristo controle siempre su manera de pensar...». (Col. 3:15, PDT)

«Que la palabra de Cristo habite en abundancia en ustedes, con toda sabiduría enseñándose y amonestándose unos a otros». (Col. 3:16, NBLA)

«Quienes descubren estas palabras viven, viven de verdad; en cuerpo y alma, rebosan de salud». (Prov. 4:22, MSG)

«Conocerán la verdad, y la verdad los hará libres». (Juan 8:32)

«Pues yo sé los planes que tengo para ustedes —dice el SEÑOR—. Son planes para lo bueno y no para lo malo, para darles un futuro y una esperanza» (Jer. 29:11, NTV)

«Dios [...] nos dará junto con él todas las cosas» (Rom. 8:32, TLA)

«[Dios] puede hacer mucho más de lo que jamás podríamos pedir». (Ef. 3:20, PDT)

«Todo lo puedo en Cristo que me fortalece». (Fil. 4:13, RVR1960)

CAPÍTULO 5: CUANDO LUCHAS CON LA ANSIEDAD

«No se preocupen por nada; en cambio, oren por todo. Díganle a Dios lo que necesitan y denle gracias por todo lo que él ha hecho. Así experimentarán la paz de Dios, que supera todo lo que podemos entender. La paz de Dios cuidará su corazón y su mente mientras vivan en Cristo Jesús». (Fil. 4:6-7, NTV)

«La paz os dejo, mi paz os doy; yo no os la doy como el mundo la da. No se turbe vuestro corazón, ni tenga miedo». (Juan 14:27, RVR1960).

«Pues Dios no nos ha dado un espíritu de timidez, sino de poder, de amor y de dominio propio». (2 Tim. 1:7)

«Así que podemos decir con toda confianza: "El Señor es quien me ayuda, no tengo miedo; ¿qué me puede hacer un simple mortal?"». (Heb. 13:6)

«Por lo tanto, no se preocupen por el mañana, el cual tendrá sus propios afanes. Cada día tiene ya sus problemas». (Mat. 6:34)

«Ya te lo he ordenado: ¡Sé fuerte y valiente! ¡No tengas miedo ni te desanimes! Porque el SEÑOR tu Dios te acompañará dondequiera que vayas». (Josué 1:9)

«Acérquense a Dios, y Dios se acercará a ustedes...». (Sant. 4:8, NTV)

«La oración ferviente de una persona justa tiene mucho poder y da resultados maravillosos». (Sant. 5:16, NTV)

«El SEÑOR está cerca de todos los que lo invocan, sí, de todos los que lo invocan de verdad». (Sal. 145:18, NTV)

«La oración es esencial en esta guerra continua. Oren mucho y durante mucho tiempo». (Ef. 6:18, MSG)

«[Dios] hace que todas las cosas resulten de acuerdo con su plan». (Ef. 1:11, NTV)

«¿Cuánto cuestan dos gorriones: una moneda de cobre? Sin embargo, ni un solo gorrión puede caer a tierra sin que el Padre lo sepa». (Mat. 10:29, NTV)

«Todas las cosas me han sido entregadas por mi Padre». (Mat. 11:27, NBLA)

«Lo imposible para los hombres, es posible para Dios». (Luc. 18:27, NBLA)

«¡Tú guardarás en perfecta paz a todos los que confían en ti, a todos los que concentran en ti sus pensamientos!» (Isa. 26:3, NTV)

«Así experimentarán la paz de Dios, que supera todo lo que podemos entender. La paz de Dios cuidará su corazón y su mente mientras vivan en Cristo Jesús». (Fil. 4:7, NTV)

«Por eso les digo: No se preocupen por su vida, qué comerán o beberán; ni por su cuerpo, cómo se vestirán. ¿No tiene la vida más valor que la comida y el cuerpo más que la ropa? Fíjense en las aves del cielo: no siembran ni cosechan, ni almacenan en graneros; sin embargo, el Padre celestial las alimenta. ¿No valen ustedes mucho más que ellas?». (Mat. 6:25-26)

«Cuando en mí la angustia iba en aumento, tu consuelo llenaba mi alma de alegría». (Sal. 94:19)

CAPÍTULO 6: CUANDO LUCHAS CON LA CULPA

«La tristeza que proviene de Dios produce el arrepentimiento que lleva a la salvación, de la cual no hay que arrepentirse, mientras que la tristeza del mundo produce la muerte». (2 Cor. 7:10)

«Él mismo cargó nuestros pecados sobre su cuerpo en la cruz, para que nosotros podamos estar muertos al pecado y vivir para lo que es recto. Por sus heridas, ustedes son sanados». (1 Ped. 2:24, NTV)

«Si confesamos nuestros pecados, podemos confiar en que Dios, que es justo, nos perdonará nuestros pecados». (1 Jn 1:9, DHH)

«Confesaos vuestras ofensas unos a otros, y orad unos por otros, para que seáis sanados». (Sant. 5:16, RVR1960)

> «Mientras me negué a confesar mi pecado,
> mi cuerpo se consumió,
> y gemía todo el día.
> Día y noche tu mano de disciplina pesaba sobre mí;
> mi fuerza se evaporó como agua al calor del verano […].
> Me dije: "Le confesaré mis rebeliones al SEÑOR",
> ¡y tú me perdonaste! Toda mi culpa desapareció». (Sal. 32:3-5, NTV)

«Los que encubren sus pecados no prosperarán, pero si los confiesan y los abandonan, recibirán misericordia». (Prov. 28:13, NTV)

«Por lo tanto, ya no hay ninguna condenación para los que están en Cristo Jesús». (Rom. 8:1)

«Si confesamos nuestros pecados, Dios, que es fiel y justo, nos los perdonará y nos limpiará de toda maldad». (1 Jn 1:9)

«Pero te confesé mi pecado
    y no te oculté mi maldad.
Me dije: "Voy a confesar mis transgresiones al Señor".
    Y tú perdonaste la culpa de mi pecado». (Sal. 32:5)

«¿Qué Dios hay como tú,
    que perdone la maldad
y pase por alto el delito
    del remanente de su heredad?
No estarás airado para siempre,
    porque tu mayor placer es amar». (Miq. 7:18)

CAPÍTULO 7: CUANDO NO HALLAS LA ALEGRÍA

«Les he dicho esto para que tengan mi alegría y así su alegría sea completa». (Juan 15:11)

«A quien amáis sin haberle visto, en quien creyendo, aunque ahora no lo veáis, os alegráis con gozo inefable y glorioso; obteniendo el fin de vuestra fe, que es la salvación de vuestras almas». (1 Ped. 1:8-9, RVR1960)

«En este mundo afrontarán aflicciones, pero ¡anímense! Yo he vencido al mundo». (Juan 16:33)

«Su tristeza se convertirá en alegría». (Juan 16:20)

«… partiendo el pan en las casas, comían juntos con alegría y sencillez de corazón, alabando a Dios, y teniendo favor con todo el pueblo». (Hech. 2:46-47)

«Pero algo más me viene a la memoria, lo cual me llena de esperanza: Por el gran amor del Señor no hemos sido consumidos y su compasión jamás se agota. Cada mañana se renuevan sus bondades; ¡muy grande es su fidelidad!». (Lam. 3:21-23)

«Esto traigo a mi corazón, por esto tengo esperanza: que las misericordias del Señor jamás terminan». (Lam. 3:21-22, NBLA)

> «Pero una cosa quiero tener presente
> y poner en ella mi esperanza». (Lam. 3:21, PDT)

«Les he dicho esto para que tengan mi alegría y así su alegría sea completa». (Juan 15:11)

«No estén tristes, pues el gozo del SEÑOR es su fortaleza». (Neh. 8:10b)

> «Cuando en mí la angustia iba en aumento,
> tu consuelo llenaba mi alma de alegría». (Sal. 94:19)

CAPÍTULO 8: CUANDO TE ATRAE LA LUJURIA

«En verdad, Dios ha manifestado a toda la humanidad su gracia, la cual trae salvación y nos enseña a rechazar la impiedad y las pasiones mundanas. Así podremos vivir en este mundo con dominio propio, justicia y devoción». (Tito 2:11-12)

«Hice un pacto con mis ojos, de no mirar con codicia sexual a ninguna joven». (Job 31:1, NTV)

«Cualquiera que mira a una mujer para codiciarla, ya adulteró con ella en su corazón». (Mat. 5:28, RVR1960)

«¿Puede un hombre poner fuego en su seno sin que arda su ropa?» (Prov. 6:27, NBLA)

«Llevamos cautivo todo pensamiento para que obedezca a Cristo». (2 Cor. 10:5)

«Cada uno cosecha lo que siembra». (Gál. 6:7)

«No dejen que ninguna parte de su cuerpo se convierta en un instrumento del mal para servir al pecado. En cambio, entréguense completamente a Dios, porque antes estaban muertos pero ahora tienen una vida nueva. Así que usen todo su cuerpo como un instrumento para hacer lo que es correcto para la gloria de Dios». (Rom. 6:13, NTV)

«Aprendan a apreciar y a dignificar su cuerpo, y no abusen de él, como es tan común entre los que nada saben de Dios». (1 Tes. 4:4-5, MSG)

«Dios es fiel; no permitirá que la tentación sea mayor de lo que puedan soportar». (1 Cor. 10:13)

«Si vuestros pecados fueren como la grana,
    como la nieve serán emblanquecidos;
    si fueren rojos como el carmesí,
    vendrán a ser como blanca lana». (Isa. 1:18, RVR1960)

«La sangre de Cristo nos purificará la conciencia de acciones pecaminosas para que adoremos al Dios viviente». (Heb. 9:14, NTV)

«Porque nada de lo que hay en el mundo —los malos deseos de la carne, la codicia de los ojos y la arrogancia de la vida—, proviene del Padre, sino del mundo». (1 Juan 2:16)

«Queridos hermanos, les ruego como a extranjeros y peregrinos en este mundo que se aparten de los deseos pecaminosos que combaten contra el alma». (1 Ped. 2:11)

«Por último, hermanos, consideren bien todo lo verdadero, todo lo respetable, todo lo justo, todo lo puro, todo lo amable, todo lo digno de admiración, en fin, todo lo que sea excelente o merezca elogio». (Fil. 4:8)

CAPÍTULO 9: CUANDO TE SIENTES ABRUMADO

«La batalla es del SEÑOR». (1 Sam. 17:47)

«El SEÑOR, que me libró de las garras del león y del oso, también me librará de la mano de ese filisteo...» (1 Sam. 17:37)

«Traigo a la memoria los tiempos de antaño:
    medito en todas tus proezas,
    considero las obras de tus manos». (Sal. 143:5)

«En mi lecho me acuerdo de ti; pienso en ti en las vigilias de la noche». (Sal. 63:6)

«¡Tú guardarás en perfecta paz a todos los que confían en ti, a todos los que concentran en ti sus pensamientos!». (Isa. 26:3, NTV)

«No se preocupen por nada; más bien, en toda ocasión, con oración y ruego, presenten sus peticiones a Dios y denle gracias. Y la paz de Dios, que sobrepasa todo entendimiento, cuidará sus corazones y sus pensamientos en Cristo Jesús». (Fil. 4:6-7)

CAPÍTULO 10: CUANDO EL DOLOR TE CONFUNDE

«Aún no vemos las cosas con claridad. Por ahora, con los ojos entrecerrados, miramos confundidos a través de la bruma». (1 Cor. 13:12, MSG)

«Estas cosas os he hablado para que en mí tengáis paz. En el mundo tendréis aflicción; pero confiad, yo he vencido al mundo». (Juan 16:33, RVR1960)

«Job se levantó y rasgó su vestido en señal de dolor; después se rasuró la cabeza y se postró en el suelo para adorar y dijo: "Desnudo salí del vientre de mi madre, y desnudo estaré cuando me vaya. El Señor me dio lo que tenía, y el Señor me lo ha quitado. ¡Alabado sea el nombre del Señor!"». (Job 1:20-21, NTV)

«… a fin de […] participar en sus sufrimientos [los de Cristo] y llegar a ser semejante a él en su muerte». (Fil. 3:10, NVI)

«El Señor está cerca de los quebrantados de corazón,
    y salva a los de espíritu abatido». (Sal. 34:18)

CAPÍTULO 11: CUANDO TEMES EL RECHAZO DE DIOS

«Dios puso su amor en juego por nosotros al ofrecer a su Hijo en muerte sacrificial cuando nosotros no le éramos de ninguna utilidad». (Rom. 5:8, MSG)

«Por su Espíritu nos ha sellado con su promesa eterna; un comienzo seguro de lo que él va a terminar». (2 Cor. 1:22, MSG)

«Les aseguro que el que oye mi palabra y cree al que me envió tiene vida eterna y no será juzgado, sino que ha pasado de la muerte a la vida». (Juan 5:24, NVI)

«La salvación es idea y obra suya. Lo único que tenemos que hacer es confiar en él lo suficiente como para dejarlo obrar. ¡Es un regalo de Dios de principio a fin! No desempeñamos el papel principal. Si lo hiciéramos, probablemente presumiríamos de haberlo hecho todo nosotros». (Ef. 2:8-9, MSG)

«Venid a mí todos los que estáis trabajados y cargados, y yo os haré descansar. Llevad mi yugo sobre vosotros, y aprended de mí, que soy manso y humilde de corazón; y hallaréis descanso para vuestras almas; porque mi yugo es fácil, y ligera mi carga». (Mat. 11:28-30, RVR1960)

«Y estoy convencido de que nada podrá jamás separarnos del amor de Dios». (Rom. 8:38, NTV)

«Ni los problemas, ni los tiempos difíciles, ni el odio, ni el hambre, ni la falta de hogar, ni las amenazas de intimidación, ni las puñaladas por la espalda, ni siquiera los peores pecados que se enumeran en la Escritura». (Rom. 8:35, MSG)

«Para una herencia incorruptible, incontaminada e inmarcesible, reservada en los cielos para vosotros, que sois guardados por el poder de Dios mediante la fe, para alcanzar la salvación que está preparada para ser manifestada en el tiempo postrero». (1 Ped. 1:4-5, RVR1960)

«Les doy vida eterna, y nunca perecerán. Nadie puede quitármelas». (Juan 10:28, NTV)

«Por tanto, reconoce que el SEÑOR tu Dios es el único Dios, el Dios fiel, que cumple su pacto por mil generaciones y muestra su fiel amor a quienes lo aman y obedecen sus mandamientos». (Deut. 7:9)

«Y el Señor me librará de toda obra mala, y me preservará para su reino celestial. A él sea gloria por los siglos de los siglos. Amén». (2 Tim. 4:18, RVR1960)

CAPÍTULO 12: CUANDO NO PUEDES ALCANZAR LA SATISFACCIÓN

«En realidad, no sé qué es mejor, y me cuesta mucho trabajo elegir. En caso de seguir con vida, puedo serle útil a Dios aquí en la tierra; pero si muero, iré a reunirme con Jesucristo, lo cual es mil veces mejor. Pero yo sé que ustedes me necesitan vivo». (Fil. 1:22-24, TLA)

«Y quiero que Dios me acepte, no por haber obedecido la ley, sino por confiar en Cristo, pues así es como Dios quiere aceptarnos». (Fil. 3:9, TLA)

«No lo digo porque tenga escasez, pues he aprendido a contentarme, cualquiera que sea mi situación. Sé vivir humildemente, y sé tener abundancia; en todo y por todo estoy enseñado, así para estar saciado como para tener hambre, así para tener abundancia como para padecer necesidad. Todo lo puedo en Cristo que me fortalece». (Fil. 4:11-13, RVR1960)

«Sean vuestras costumbres sin avaricia, contentos con lo que tenéis ahora; porque él dijo: No te desampararé, ni te dejaré». (Heb. 13:5, RVR1960)

«Así que, teniendo sustento y abrigo, estemos contentos con esto» (1 Tim. 6:8, RVR1960)

«El SEÑOR es mi pastor, nada me falta». (Sal. 23:1)

«Ustedes serán enriquecidos en todo sentido para que en toda ocasión puedan ser generosos» (2 Cor. 9:11)

EPÍLOGO: UNA NUEVA FORMA DE PENSAR

«Dios sabía lo que hacía desde el principio cuando decidió moldear la vida de los que lo aman al igual que la vida de su Hijo». (Rom. 8:29, MSG)

«En realidad, ustedes son personas nuevas, que cada vez se parecen más a Dios, su creador, y cada vez lo conocen mejor». (Col. 3:10, TLA)

«Dejen que el Espíritu les renueve los pensamientos y las actitudes. Pónganse la nueva naturaleza». (Ef. 4:23-24, NTV)

«Ustedes deben cambiar completamente su manera de pensar, y ser honestos y santos de verdad». (Ef. 4:23, TLA)

«Me viste antes de que naciera. Cada día de mi vida estaba registrado en tu libro. Cada momento fue diseñado antes de que un solo día pasara. Qué preciosos son tus pensamientos acerca de mí, oh Dios. ¡No se pueden enumerar! Ni siquiera puedo contarlos; ¡suman más que los granos de la arena! Y cuando despierto, ¡todavía estás conmigo!». (Sal. 139:16-18, NTV)

«Y le pido que, firmes en el amor, puedan acoger con todos los seguidores de Jesús las dimensiones extravagantes del amor de Cristo. ¡Extiendan la mano y experimenten su amplitud, su extensión y su profundidad! ¡Asciendan a las alturas!». (Ef. 3:18-19, MSG)

«Por lo demás, hermanos, todo lo que es verdadero, todo lo honesto, todo lo justo, todo lo puro, todo lo amable, todo lo que es de buen nombre; si hay virtud alguna, si algo digno de alabanza, en esto pensad». (Fil. 4:8, RVR1960)

NOTAS

Capítulo 1: Presta atención a lo que piensas

1. «Laboratory of Neuro Imaging», citado en «How Many Thoughts Do We Have Per Minute?» [¿Cuántos pensamientos tenemos por minuto?], Reference.com, actualizado el 4 agosto 2015, https://www.reference.com/science-technology/many-thoughts-per-minute-cb7fcf22ebbf8466.

2. Dan Harris, *10 % Happier: How I Tamed the Voice in My Head, Reduced Stress Without Losing My Edge, and Found Self-Help That Actually Works—A True Story* [Diez por ciento más feliz: cómo dominé la voz de mi mente, reduje el estrés sin perder mi eficacia y encontré la autoayuda que realmente funciona, una historia real] (HarperCollins, 2024), p. xiv. Utilizado con permiso de HarperCollins Publishers.

3. Thomas Insel, MD, «America's Mental Health Crisis» [La crisis de salud mental en Estados Unidos], *Trend Magazine*, 8 diciembre 2023, https://pew.org/3R3ugL0.

4. Emily P. Terlizzi y Benjamin Zablotsky, *Symptoms of Anxiety and Depression Among Adults: United States, 2019 and 2022* [Síntomas de ansiedad y depresión entre los adultos: Estados Unidos, 2019 y 2022], National Health Statistics Reports, núm. 213 (noviembre 2024): 1, https://www.cdc.gov/nchs/data/nhsr/nhsr213.pdf.

5. «Mental Health by the Numbers» [La salud mental en cifras], National Alliance on Mental Illness (NAMI), abril 2023, https://www.nami.org/about-mental-illness/mental-health-by-the-numbers/.

6. Caroline Leaf, *Switch on Your Brain: The Key to Peak Happiness, Thinking, and Health* [Enciende tu cerebro: La clave de la felicidad, el pensamiento y la salud máximos] (Baker Books, 2013), p. 33.

7. Rollin McCraty, «Local and Non-local Effects of Coherent Heart Frequencies on Conformational Changes of DNA» [Efectos locales y no locales de una frecuencia cardíaca estable en los cambios conformacionales del ADN], Semantic Scholar, 2001, https://www.semanticscholar.org/paper/LOCAL-AND-NON-LOCAL-EFFECTS-OF-COHERENT-HEART-ON-OF-McCraty/a0d9fca1c5cda01fcd2897fcc8a31f2836346af7.

8. Robert M. Sapolsky, *Why Zebras Don't Get Ulcers* [Por qué las cebras no tienen úlceras] (Henry Holt, 2004), p. 414.

Capítulo 2: Ten un pensamiento selectivo

1. Henry Kissinger, *Mis memorias* (Buenos Aires: Atlantida, 1979), p. 315.
2. George Stephanopoulos y Lisa Dickey, *The Situation Room—The Inside Story of Presidents in Crisis* [Sala de crisis: la historia secreta de presidentes y crisis] (Grand Central, 2024), pp. 4-23.
3. W. E. Vine, *Diccionario expositivo Vine de palabras del Antiguo y Nuevo Testamento*, «destrucción» (Thomas Nelson, 2003), p. 304.
4. Rick Renner, *Dressed to Kill: A Biblical Approach to Spiritual Warfare and Armor* [Vestidos para matar: un enfoque bíblico de la guerra y la armadura espirituales] (Harrison House Publishers, 2015).
5. Victor Frankl, *Man's Search for Meaning* [El hombre en busca de sentido] (Hodder & Stoughton, 1959), p. 66.
6. *Ibid*.
7. Max Lucado, *Ansiosos por nada: Menos preocupación más paz* (Nashville, Tennessee: Grupo Nelson 2017), p. 11.
8. William Hendriksen, *Exposition of the Gospel According to John, New Testament Commentary* [Exposición del Evangelio según San Juan. Comentario al Nuevo Testamento] (Baker, 1953), p. 431.
9. Dennis Prager, citado en James Kennedy y Jerry Newcombe, *What if the Bible Had Never Been Written?* [¿Y si la Biblia nunca se hubiera escrito?] (Thomas Nelson, 1998), p. 220.

Capítulo 3: Identifica las mentiras

1. Church Dawson, *Mind to Matter: The Astonishing Science of How Your Brain Creates Material Reality* [De la mente a la materia: La asombrosa ciencia de cómo tu cerebro crea una realidad material] (Hay House, 2018), p. 152.
2. Aaron T. Beck, *Depression: Clinical, Experimental, and Theoretical Aspects* [La depresión: Aspectos clínicos, experimentales y teóricos] (University of Pennsylvania Press, 1967); R. F. Baumeister *et al.*, «Bad Is Stronger Than Good» [Lo malo es más fuerte que lo bueno], *Review of General Psychology* 5, núm. 4 (2001): pp. 323-370, https://doi.org/10.1037/1089-2680.5.4.323.
3. Srini Pillay, «Can You Rewire Your Brain to Get Out of a Rut? (Yes You Can...)» [¿Puedes reprogramar tu mente para salir de una rutina? (Sí, tú puedes...)], *Harvard Health Blog*, 14 marzo 2018, https://www.health.harvard.edu/blog/rewire-brain-get-out-of-rut-2018030913253.
4. Benjamin P. Thomas, *Abraham Lincoln: A Biography* [Biografía de Abraham Lincoln] (Southern Illinois University Press, 1994), p. 88.

5. Craig Groeschel, *Gana la guerra en tu mente: Cambia tu pensamiento, cambia tu vida* (Nashville, Tennessee: Editorial Vida 2022), pp. 43-44.

Capítulo 4: Arranca de raíz y vuelve a plantar

1. Ranjit David, «What Cows Can Teach Us About Biblical Meditation» [Lo que nos pueden enseñar las vacas sobre la meditación bíblica], Ranjit David (blog), *The Gospel Coalition*, 11 junio 2024, https://in.thegospelcoalition.org/blogs/better-than-life/biblical-meditation/.

2. Amanda Jackson, «After Several Attempts, Wildlife Officers Remove Tire That Was Around an Elk's Neck for over Two Years» [Luego de varios intentos, agentes de vida silvestre retiran un neumático que permaneció en el cuello de un alce por más de dos años], *CNN*, 12 octubre 2021, https://www.cnn.com/2021/10/11/us/elk-tire-around-neck-removed-colorado-trnd/index.html.

Capítulo 5: Cuando luchas con la ansiedad

1. «American Adults Express Increasing Anxiousness in Annual Poll; Stress and Sleep are Key Factors Impacting Mental Health» [Los adultos estadounidenses expresan una creciente ansiedad en la encuesta anual; el estrés y el sueño son factores clave que afectan a la salud mental], American Psychiatric Association, 1 mayo 2024, https://www.psychiatry.org/news-room/news-releases/annual-poll-adults-express-increasing-anxiousness.

2. Robert M. Sapolsky, *Why Zebras Don't Get Ulcers* [Por qué las cebras no tienen úlceras] (Henry Holt, 2004), p. 384.

3. Tom C. Russ *et al.*, «Association Between Psychological Distress and Mortality: Individual Participant Pooled Analysis of 10 Prospective Cohort Studies» [Asociación entre el malestar psicológico y la mortalidad: análisis agrupado de participantes individuales de 10 estudios prospectivos de cohortes], *BMJ*, 31 julio 2012: p. 345, https://www.bmj.com/content/345/bmj.e4933.long.

4. Jonathan Haidt, *The Anxious Generation: How the Great Rewiring of Childhood Is Causing an Epidemic of Mental Illness* [La generación ansiosa: cómo la gran transformación de la infancia está provocando una epidemia de enfermedades mentales] (Penguin, 2024), p. 27.

5. Daniel Amen, *Change Your Brain Change Your Life: Simple Daily Practices to Strengthen Your Mind, Memory, Moods, Focus, Energy, Habits, and Relationships* [Cambia tu cerebro, cambia tu vida: prácticas diarias sencillas para fortalecer tu mente, memoria, estado de ánimo, concentración, energía, hábitos y relaciones] (Tyndale, 2023), p. 201.

6. «Mental Health Conditions» [Trastornos mentales], National Alliance on Mental Illness (NAMI), abril 2023, https://www.nami.org/about-mental-illness/mental-health-conditions/.

7. Joel J. Miller, «The Secret Behind the Bible's Most Highlighted Verse» [El secreto

detrás del versículo más destacado de la Biblia], Joel J. Miller (blog), Patheos. com, 11 enero 2014, https://www.patheos.com/blogs/joeljmiller/2013/06/ the-secret-behind-the-bibles-most-highlighted-verse/.

8. *Tiburón*, dirigida por Steven Spielberg (Universal Pictures, 2012), DVD.
9. Prathik Kini *et al.*, «The Effects of Gratitude Expression on Neural Activity» [Los efectos de expresar gratitud en la actividad neuronal], *NeuroImage* 128 (marzo 2016): pp. 1-10, https://www.sciencedirect.com/science/article/pii/S1053811915011532.
10. Bill Loveless, «Christ Is Life Ministries» Newsletter, 3 octubre 2024. Bill ya partió al cielo.

Capítulo 6: Cuando luchas con la culpa

1. Coralie Bastin *et al.*, «Feelings of Shame, Embarrassment and Guilt and Their Neural Correlates: A Systematic Review» [Sentimientos de vergüenza, bochorno y culpa y sus correlatos neuronales: una revisión sistemática], *Neuroscience & Biobehavioral Reviews* 71 (diciembre 2016): pp. 455-71, https://doi.org/10.1016/j. neubiorev.2016.09.019.
2. Dale G. Larson *et al.*, «Self-Concealment: Integrative Review and Working Model» [Autoocultación: Revisión integradora y modelo de trabajo], *Journal of Social and Clinical Psychology* 34, núm. 8 (2015), https://doi.org/10.1521/jscp.2015.34.8.705.
3. Léxico griego del Nuevo Testamento, «Homologeo», Bible Study Tools, consultado 13 marzo 2025, https://www.biblestudytools.com/lexicons/greek/kjv/homologeo. html#google_vignette.
4. G. K. Chesterton, citado en Society of G. K. Chesterton «What's Wrong with the World?» [¿Qué pasa con el mundo?], Chesterton.org, 29 abril 2012, https://www. chesterton.org/wrong-with-world/.
5. Abraham Lincoln, citado en Don McMinn, «The Power of Forgiveness», *PreachIt TeachIt*, 26 junio 2021, https://preachitteachit.org/various/ the-power-of-forgiveness-2/.

Capítulo 7: Cuando no hallas alegría

1. Max Lucado, *¿Dónde se fue mi risa?* (Thomas Nelson, 2021), pp. 4-5, pp. 12-13.
2. Alexandra Sifferlin, «Here's How Happy Americans Are Right Now» [Así de felices son los estadounidenses en este momento], *Time*, 26 julio 2017, https://time. com/4871720/how-happy-are-americans/.
3. William Barclay, *The Gospel of John, The New Daily Study Bible* [El Evangelio según San Juan, La nueva Biblia para el estudio diario], vol. 2 (Saint Andrew Press, 2017), p. 177.
4. James H. Fowler y Nicholas A. Christakis, «Dynamic Spread of Happiness in a Large Social Network: Longitudinal Analysis over 20 Years in the Framingham Heart Study» [Propagación dinámica de la felicidad en una gran red social: Análisis

longitudinal a lo largo de 20 años en el Estudio del corazón de Framingham], *BMJ*, 5 diciembre 2008, https://www.bmj.com/content/337/bmj.a2338.

5. George Müller, citado en Randy Alcorn, *Happiness: Uncovering the Secret to Everlasting Joy* [La felicidad: Descubriendo el secreto de la alegría eterna] (Tyndale, 2024), 351, citado de Arthur T. Pierson, *George Muller of Bristol* (1805-1898) (Peabody, MA: Hendrickson, 2008), pp. 130-31.

6. George Müller, «How to Be Happy and Strong in the Lord» [Cómo ser feliz y fuerte en el Señor], en *The Guide to Holiness* [Una guía hacia la santidad], eds W. C. Palmer y Phoebe Palmer, vol. 59 (Walter C. Palmer, 1871), p. 78, https://www.google.com/books/edition/Guide_to_Holiness/bZk_AQAAMAAJ?hl=en&gbpv=1.

7. Mathew A. Killingsworth y Daniel T. Gilbert, «A Wandering Mind Is an Unhappy Mind» [Una mente inquieta es una mente infeliz], *Science* 330, núm. 6006 (2010): p. 932, https://www.science.org/doi/10.1126/science.1192439.

8. Charles Edison, «My Most Unforgettable Character» [Mi personaje más inolvidable], *Reader's Digest* (1961), p. 174; Edison, citado en Alan Loy McGinnis, *The Power of Optimism* [El poder del optimismo] (HarperCollins, 1990), p. 14.

9. *Ibid.*

10. Fred Kaplan, *Thomas Carlyle: A Biography* [Thomas Carlyle: Una biografía] (Cornell University, 1983), p. 218, tal como se cita en Alan Loy McGinnis, *The Power of Optimism* [El poder del optimismo] (HarperCollins, 1990), p. 25.

11. Blaise Pascal, «Night of Fire» [Noche de fuego], citado en Marvin R. O'Connell, *Blaise Pascal: Reasons of the Heart* [Blaise Pascal: Las razones del corazón] (Eerdmans, 1997), pp. 95-96.

Capítulo 8: Cuando te atrae la lujuria

1. «Domestic Violence Statistics» [Estadísticas sobre violencia doméstica], National Domestic Violence Hotline, consultado 24 marzo 2025, https://www.thehotline.org/stakeholders/domestic-violence-statistics/.

2. Milena J. Wisniewska, «Domestic Violence Statistics 2024» [Estadísticas sobre violencia doméstica 2024], *Break the Cycle*, 7 octubre 2024, https://www.breakthecycle.org/domestic-violence-statistics/.

3. «About Sexual Violence» [Acerca de la violencia sexual], Sexual Violence Prevention CDC, 23 enero 2024, https://www.cdc.gov/sexual-violence/about/.

4. Barna Group, en colaboración con Pure Desire Ministries, *Beyond the Porn Phenomenon: A New Report on the Impact of Porn* [Más allá del fenómeno del porno: Un nuevo informe sobre el impacto de la pornografía] (Barna, 2024), p. 13, https://www.barna.com/beyond-the-porn-phenomenon/.

5. *Ibid.*, p. 22.

6. *Ibid.*, p. 40.

7. Jessica Lea, «67 % of Pastors Have Personal History of Porn Use, Reports Barna» [El 67 % de los pastores tienen antecedentes personales de consumo de pornografía,

según un informe de Barna], *ChurchLeaders.com*, 25 octubre 2024, https://churchleaders.com/news/499672-pastors-history-porn-problem-barna.html.

8. *Beyond the Porn Phenomenon*, p. 21.

9. «How Porn Can Affect the Brain Like a Drug» [Cómo el porno puede afectar al cerebro como una droga], Fight the New Drug, consultado el 26 marzo 2025, https://fightthenewdrug.org/how-porn-can-affect-the-brain-like-a-drug/.

10. Daniel H. Angres y Kathy Bettinardi-Angres, «The Disease of Addiction: Origins, Treatment, and Recovery» [La enfermedad de la adicción: orígenes, tratamiento y recuperación], *Disease-a-Month* 54 núm. 10 (2008): pp. 696-721, https://www.sciencedirect.com/science/article/abs/pii/S0011502908000928.

11. William Struthers, *Wired for Intimacy: How Pornography Hijacks the Male Brain* [Programados para la intimidad: cómo la pornografía secuestra el cerebro masculino] (IVP Books, 2009), p. 85.

12. David Shultz, «Divorce Rates Double When People Start Watching Porn» [Las tasas de divorcio se duplican cuando las personas comienzan a ver pornografía], *Science*, 26 agosto 2016, https://www.science.org/content/article/divorce-rates-double-when-people-start-watching-porn

13. Samuel L. Perry y Cyrus Schleifer, «Till Porn Do Us Part? A Longitudinal Examination of Pornography Use and Divorce» [¿Hasta que el porno nos separe? Un estudio longitudinal sobre el consumo de pornografía y el divorcio] 55, núm. 3 (2018): pp. 284-296, https://www.tandfonline.com/doi/abs/10.1080/00224499.2017.1317709.

14. Gary Gilles y Dr. Jesse Hanson, «How Porn Affects Relationships» (blog) [Cómo afecta el porno a las relaciones], MentalHealth, 20 enero 2025, https://www.mentalhealth.com/blog/how-pornography-distorts-intimate-relationships.

15. Alan Loy McGinnis, *Bringing Out the Best in People: How to Enjoy Helping Others Excel* [Sacar lo mejor de las personas: cómo disfrutar ayudando a los demás a sobresalir] (Augsburg Fortress, 1985), citado en Charles R. Swindoll, The Tale of the Tardy Oxcart (Thomas Nelson, 1998), p. 468.

Capítulo 9: Cuando te sientes abrumado

1. Dallas Willard, *Hearing God Through the Year: A 365-Day Devotional* [Escuchar a Dios a lo largo del año: Un devocionario para los 365 días del año], comp. y ed. Jan Johnson (InterVarsity, 2004), 285.

Capítulo 10: Cuando el dolor te confunde

1. Charles Spurgeon, «A Heavenly Pattern for Our Earthly Life» [Un patrón celestial para nuestra vida terrenal], sermón núm. 1778, 30 abril 1884, *The Complete Works of C. H. Spurgeon* [Las obras completas de C. H. Spurgeon], vol 30, *Sermons 1757 to 1815* (Delmarva Publications, 2013), Google Books.

2. Nabeel Qureshi, «What Does Jesus Have to Do with ISIS?» [¿Qué tiene que ver Jesús

con el ISIS?], *The Christian Post*, 13 marzo 2016, https://www.christianpost.com/news/what-does-jesus-have-to-do-with-isis.html.

3. Jay Reid Gould, *The Long Silence: A Play in One Act* [El largo silencio: Obra teatral en un acto] (Dramatic Publishers, 1960), citado en John. R. Stott, *The Cross of Christ* [La cruz de Cristo] (InterVarsity, 1986), p. 335.

4. Stott, *The Cross of Christ* [La cruz de Cristo], p. 336.

Capítulo 11: Cuando temes el rechazo de Dios

1. Jenn Morson, «When Families Un-Adopt a Child» [Cuando las familias cancelan la adopción de un niño], *The Atlantic*, 16 noviembre 2018, https://www.theatlantic.com/family/archive/2018/11/children-who-have-second-adoptions/575902/.

2. Agustín de Hipona, «Commentary on John 15:8» [Comentario sobre Juan 15:8, *Catena Bible*, https://catenabible.com/com/5735dfbfec4bd7c9723ba540.

3. C. H. Spurgeon, «The Fear of Final Falling» [El miedo a la caída definitiva], *All of Grace*, Christian Classics Ethereal Library, consultado el 24 marzo 2025, https://ccel.org/ccel/spurgeon/grace/grace.xviii.html.

4. Donald Bloesch, *The Christian Life and Salvation* [La vida cristiana y la salvación], (Eerdmans, 1967), p. 90.

Capítulo 12: Cuando no puedes alcanzar la satisfacción

1. Alana Semeuls, «Why We Buy Things We Don't Need» [Por qué compramos cosas que no necesitamos], *Time*, 21 noviembre 2022, https://time.com/6235522/why-shopping-is-addictive/.

2. James Clear, *Hábitos atómicos: Un método sencillo y comprobado para desarrollar buenos hábitos y eliminar los malos*, 10ª edición. (Ediciones Culturales Paidós, Ciudad de México, 2019), p. 135. Traducción de Gabriela Moya.

3. Will Durant, *Caesar and Christ* [César y Cristo] (Simon and Schuster, 1980), pp. 273-84; Rebecca Mead, «How Nasty Was Nero, Really?» [¿Tan malvado era Nerón en realidad?], *New Yorker*, 7 junio 2021, https://www.newyorker.com/magazine/2021/06/14/how-nasty-was-nero-really.

4. Jakub Jasinski, «Donate Milk and Ground Snail Shells—Good Balm in Rome» [Dona leche y conchas de caracol molidas: Un buen bálsamo en Roma], Imperium Romanum, 25 diciembre 2021, https://imperiumromanum.pl/en/curiosities/donate-milk-and-ground-snail-shells-good-balm-in-rome/.

5. Un sestercio a 0,09 onzas de plata x $31,69 por onza de plata = $2,83. Cuatro millones de sestercios serían aproximadamente 11 millones de dólares.

6. Khalid Elhassan, «Last Words: 10 Memorable Dying Statements from Famous Figures» [Últimas palabras: 10 frases memorables pronunciadas por personajes famosos antes de morir], *HistoryCollection.org*, 10 agosto 2017, https://historycollection.com/last-words-10-memorable-dying-statements-famous-figures/.

7. Thomas Schmidt, *Trying to be Good* [Intentando ser bueno] (Zondervan, 1990),

pp. 180-83, citado en Randy Alcorn, *If God Is Good: Faith in the Midst of Suffering Evil* [Si Dios es bueno: La fe en medio del sufrimiento y el mal] (Multnomah, 2009), p. 124.

8. Alcorn, *If God Is Good* [Si Dios es bueno], p. 228.

9. Erika Penney, «Why Household Mess Triggers Stress and Anxiety» [Por qué el desorden en el hogar provoca estrés y ansiedad], *Neuroscience News*, 4 septiembre 2023, https://neurosciencenews.com/anxiety-stress-messy-home-23874/.

Epílogo: Una nueva forma de pensar

1. Ashley P. Taylor y Tanya Lewis, «Human Brain: Facts, Functions and Anatomy» [El cerebro humano: Datos, funciones y anatomía], *Live Science*, 28 mayo 2021, https://www.livescience.com/29365-human-brain.html.

2. Jon Lieff, «Are Microtubules the Brain of the Neuron?» [¿Son los microtúbulos el cerebro de la neurona?], 29 noviembre 2015, https://jonlieffmd.com/blog/are-microtubules-the-brain-of-the-neuron.

3. John McCrone, citado en Church Dawson, *The Genie in Your Genes: Epigenetic Medicine and the New Biology of Intention* [El genio en tus genes: Medicina epigenética y la nueva biología de la intención] (Elite Books, 2007), p. 141.

4. Gail Ironson *et al.*, «An Increase in Religiousness/Spirituality Occurs After HIV Diagnosis and Predicts Slower Disease Progression over 4 Years in People with HIV» [Tras el diagnóstico del VIH se produce un aumento de la religiosidad/espiritualidad que predice una progresión más lenta de la enfermedad durante cuatro años en personas con VIH], *Journal of General Intern Medicine* 21, núm. 55 (diciembre 2006), pp. 62-68, https://pubmed.ncbi.nlm.nih.gov/17083503/.

5. *Ibid*.

6. Jim Stingl, «"Welcome to Cleveland" Sign's 15 minutes of Fame Lasts 37 Years» [Los 15 minutos de fama del cartel «Bienvenidos a Cleveland» duran 37 años], *Milwaukee Journal Sentinel*, 3 diciembre 2015, https://archive.jsonline.com/news/milwaukee/15-minutes-of-fame-for-welcome-to-cleveland-sign-lasts-37-years-b99627742z1-360471381.html/.

7. «"Welcome to Cleveland" Rooftop Still Baffling Milwaukee Passengers Decades Later» [«Bienvenidos a Cleveland», un letrero en un tejado sigue desconcertando a los pasajeros de Milwaukee décadas después], *TMJ Milwaukee*, 13 de agosto 2021, https://www.tmj4.com/news/milwaukee-tonight/welcome-to-cleveland-rooftop-still-spooking-milwaukee-passengers-decades-later.

8. David Stoops, *You Are What You Think* [Eres lo que piensas] (Revell, 1996), pp. 35, 36.

9. Gerald Coffee, *Beyond Survival: Building on the Hard Times—A POW's Inspiriting Story* [Más allá de la supervivencia: Construyendo sobre los tiempos difíciles, la inspiradora historia de un prisionero de guerra] (Coffee Enterprises, Inc., 2013).

TAMBIÉN POR MAX LUCADO

INSPIRADORES:

3:16

Acércate sediento

Aligere su equipaje

Al entrar al cielo

Ansiosos por nada

Ansiosos por nada para lectores jóvenes

Aplauso del cielo

Comienza con la oración

Como Jesús

Cuando Cristo venga

Cuando Dios susurra tu nombre

Cura para la vida común

Diez mujeres de la Biblia

Dios se acercó

Él escogió los clavos

Él nos entiende

El secreto de la felicidad

En el ojo de la tormenta

Enfrente a sus gigantes

En manos de la gracia

Esperanza inconmovible

Fuiste creado para un momento como éste

Gente común: perdidos y hallados

Gracia

Gran día cada día

La gran casa de Dios

Más allá de tu vida

Max habla sobre la vida

Mi Salvador y vecino

No se trata de mí

Nuestra ayuda fiel

Seis horas de un viernes

Sin temor

Todavía remueve piedras

Un amor que puedes compartir

LIBROS DE REGALO:

Dios nunca se da por vencido contigo

Experimenta el corazón de Jesús

Gracia para todo momento. Devocional para la familia

Jesús, el Dios que sabe tu nombre

La historia de un ángel

Nunca estás solo

Para estos tiempos difíciles

Segundas oportunidades

LIBROS INFANTILES:

Dónde se fue mi risa

Puedes contar con Dios, 100 devocionales para niños

¿HAS LEÍDO ALGO BRILLANTE Y QUIERES CONTÁRSELO AL MUNDO?

Ayuda a otros lectores a encontrar este libro:

- Publica una reseña en nuestra página de Facebook @GrupoNelson

- Publica una foto en tu cuenta de redes sociales y comparte por qué te agradó.

- Manda un mensaje a un amigo a quien también le gustaría, o mejor, regálale una copia.

¡Déjanos una reseña si te gustó el libro! ¡Es una buena manera de ayudar a los autores y de mostrar tu aprecio!

Visítanos en
GrupoNelson.com
y síguenos en
nuestras redes sociales.

* 9 7 8 1 4 0 0 3 5 3 5 0 7 *